EBINA'S STRAIGHT PERM

アイロンストパーと熱コントロール

蛯名晋也　pizzicato

はじめに

今までアイロン操作に頼り過ぎ、髪を傷めがちだったアイロンストレートパーマ。

傷ませないためにはどうしたらいいんだろうと、ストパーの作業を見直しました。

その結果、「毛髪診断」と「薬剤選択」、「軟化チェック」と「アイロンワーク」など、

いくつかのポイントが見つかり、改善を重ねました。

それを初公開します。じっくり観てマスターすれば、

お客様の期待に応えられるストレートパーマを、必ず提供できるようになります。

「毛流れを整えて、髪のボリュームとうねりを抑える」というアイロンの

役割をきちんと認識して、アイロンだけに頼り過ぎないで、

それ以外のすべてのプロセスをていねいに行うことがポイントです。

なかでもスルースピードで調整する熱コントロールについては、

サーモグラフィで検証して、最適な方法を導き出しています。

この本とDVDを繰り返し見てスルーのコツをつかんでください。

女性なら誰だって、いつもしなやかでキレイな髪でいたいもの。

そんな期待をしっかり受け止めて、施術したそのときだけでなく、

毎日がキレイで、しなやかな風合いの髪に——。

この本が目指すのは、スピーディでダメージせず、

繰り返しかけられ、しなやかな仕上がりのストレート。

変わってきつつあるストレートパーマの"新基準"を、

しっかりと身につけてください。

蛯名晋也

CONTENTS

　　　　　　　　　　　はじめに　　　　　　　　　　　　　　4

CHAPTER 1　アイロンストパーの基本ポイント　　　⑦
　　　　　　　　　　　毛髪診断　　　　　　　　　　　　　　8
　　　　　　　　　　　薬剤選択　　　　　　　　　　　　　　9
　　　　　　　　　　　薬剤塗布〜軟化チェック　　　　　　　10
　　　　　　　　　　　中間水洗　　　　　　　　　　　　　　11
　　　　　　　　　　　カットベースとの連動　　　　　　　　12
　　　　　　　　　　　フォーム　　　　　　　　　　　　　　14
　　　　　　　　　　　ダメージレベルの定義　　　　　　　　16

CHAPTER 2　アイロンスルーの熱検証　　　　　　　⑲
　　　　　　　　　　　正しいスルー／ボブ　　　　　　　　　20
　　　　　　　　　　　正しいスルー／レイヤー　　　　　　　24
　　　　　　　　　　　幅別熱伝導比較　　　　　　　　　　　28
　　　　　　　　　　　厚さ別放熱比較　　　　　　　　　　　30
　　　　　　　　　　　水分量別熱伝導比較　　　　　　　　　32
　　　　　　　　　　　ダメージレベル別比較　　　　　　　　34
　　　　　　　　　　　よく見かけるNGスルー　　　　　　　36

CHAPTER 3　アイロンストパーの実践プロセス　　　㊶
　　　　　　　　　　●横スライスボブ／1stストパー　　　　42
　　　　　　　　　　●横スライスボブ／2ndストパー　　　　48
　　　　　　　　　　●斜めスライスレイヤー／1stストパー　54
　　　　　　　　　　●斜めスライスレイヤー／2ndストパー　60
　　　　　　　　　　●斜めスライスロングレイヤー／1stストパー　66
　　　　　　　　　　●斜めスライスロングレイヤー／2ndストパー　72

CHAPTER 4　ケーススタディ　　　　　　　　　　　㊾
　　　　　　　　　　　ボブ　　　　　　　　　　　　　　　　80
　　　　　　　　　　　ロングレイヤー　　　　　　　　　　　88

　　　　　　　　　　　おわりに　　　　　　　　　　　　　　96
　　　　　　　　　　　奥付＆クレジット　　　　　　　　　　98

EBINA'S VOICE 1 ……6　　　EBINA'S VOICE 2……18
EBINA'S VOICE 3……40　　　EBINA'S VOICE 4……78

EBINA'S VOICE 1

**傷むのはイライラするからイヤ。
いつもキレイな髪でいたい**

女性にとって髪は命。だから、いつだってしなやかでキレイな髪でいたい。サロンに来るお客様は、みんなそんなことを言うでしょ。だって、それは「真実」だから。ストレートパーマをかけるのだって、キレイでしなやかなヘアになりたいから。

でも、今までのストパーは、髪が傷みがちだったのも事実。女性はみんな、キレイな髪になりたいけど、傷むのはイヤって…。だから、ストパーをかけるのをためらったり、かけたのを後悔したりしていたんだよね。

でも、これからは大丈夫。

ここ数年で、薬剤がとても進化したし、僕たち美容師の技術だって、どんどん新しくなっている。今回の技術にだって、新しい提案がいくつも込められている。

例えばコームやハケをまったく使わないで、すべて自分の手で行う薬剤塗布。このコツさえ飲み込んじゃえば、髪の毛を不必要に引っ張ることなく薬剤を塗ることができる。だから、還元してデリケートな状態になっている髪をダメージさせなくて済む。

アイロン操作だって、大きなポイント。毛束の上をスルーするときにスピードを調節して、髪に与える熱の量をコントロールできれば、しっかりクセを伸ばしても、毛髪内部を熱変性させなくて済むでしょ。

そう、ダメージが最小限に抑えられる。

美容師にとって永遠のテーマである「ダメージさせない」、女性にとって最大の要望である「キレイな髪でいたい」にまた、確実に一歩近づいたんだ。

CHAPTER 1

アイロンストパーの基本ポイント

EBINA'S
STRAIGHT
PERM

さあ、今までより進化した"EBINA流"
ストレートパーマのスタート。
施術の中でも重要な「毛髪診断」や「薬剤選択」などを
1プロセスごとに解説していきます。
ストパーの攻略は、各プロセスをていねいに、
そして確実に行っていくことが鉄則。
各施術のポイントを
しっかりマスターしてください。

毛髪診断

ナノミストで本来のクセをよみがえらせる

施術のスタートラインである毛髪診断。
髪本来のクセをどうやって察知していくかは、この後のプロセス全体に大きく関わってくる。
だから、クセの見極めは、とにかくしっかり。同時に、髪の履歴やダメージ度も把握していこう。

❶ ビフォアの状態。全体に細かい波状のクセが出ている。サロンではお客様が自分でブローをしてきて、本来のクセよりかなり伸びている状態の場合も多い。

❷ ナノミストを当てる。まずは表面に当てて全体を湿らせて、

❸ 水分を揉み込むようにするとクセがよみがえってくる。

❹ さらに毛束を引き上げて内側や根元にもナノミストを当てながら、

❺ 少しずつ髪をアウトラインに落としていく。

❻ 髪本来のクセが出た状態。ビフォアに比べ、かなりクセがよみがえり、全体に膨らんでフォルムが崩れている。

薬剤選択

3段階で見極めて、的確に塗り分けていく

ナノミストを当てて、本来のクセが出てきた髪の状態を視診で判断していく。
毛先から順に髪を見ていきながら、クセの表情が変わっているところから薬剤を塗り分けていく。
ポイントは、毛束の広がり方とクセの出ぐあい。的確な塗り分けが、ダメージさせず、繰り返せるストパーを実現する。

①新生部
あまり広がっていない。毛束がばらけず、同一方向にクセ（うねり）が出ている。キューティクルがしっかりしていて、水分も弾きやすく、全体にしっかりした表情のうねりが出ている。
⇒**医薬部外品**／ハードタイプ、ノーマルタイプ

②既ストパー部
波状が大きく、毛束が根元よりもフワッと広がっている感じ。大きいウエーブとストレートっぽい動きが混在している。
⇒**医薬部外品**／ソフトタイプ
　化粧品分類の薬剤／コスメタイプ

③繰り返しストパーをかけ、熱変性している部分
少し硬くなっていて、若干、直毛っぽい表情。方向性がまばらになっている。水分も吸いやすい状態で、毛髪内部が熱変性している。
⇒**化粧品分類の薬剤**／コスメタイプ
　トリートメント／還元作用のあるトリートメント（トリートメント系還元剤）

ナノミストを当てる前　　ナノミストで本来のクセがよみがえった状態

薬剤塗布〜軟化チェック

ロッド1本でカンタン、明確な軟化チェックを

ストパーの施術でも重要なポイントの軟化チェック。医薬部外品はもちろん、毛髪の中心に「芯」が残り、判断に迷いがちなコスメ系薬剤の軟化も、カンタンかつ明確にチェック。ロッドを1本用意して、後頭部の毛束をスパイラル巻きに。ストパーの軟化チェックは、カールの出ぐあいで判断するので曖昧さがない。

1 アプリケーターで1剤を塗布し、

2 根元がつぶれないよう、ダメージさせないよう、コームやハケを使わず手で揉み込み、

3 ぼんのくぼの上の毛束を2センチ幅で取り、同じピッチで毛先から根元まで3回転半、スパイラルに巻いていく。レングスに対して3回転半で根元まで巻くことを基本にロッド径を選ぶ。

4 根元まで3回転半で巻き収めたら、

5 ゴム跡がつかないようにスティックをさし、15分を目安に自然放置する。

6 ロッドをはずし、ロッド径より一回り大きいピッチの均一なスパイラルカールが出ていれば、軟化OKのサイン。

中間水洗

まっすぐ下に指を通して慎重に

毛髪内部の結合が切れた状態で行う中間水洗。当然、慎重な施術が求められる。
ここでは髪を散らすようにゴシゴシ洗うのは避け、水圧や水流を利用して優しく薬剤を洗い流していく。
指を通す方向もムリせず、湯が落ちる方向に。

❶ 過膨潤を防ぐため、湯の温度を低めに設定し、フェイスラインに静かにかける。

❷ 水圧で流す感覚で、フェイスラインに沿ってゆっくりとシャワーヘッドを移動し、

❸ 少しずつ頭頂部へずらしていく。

❹ 頭頂部まで薬剤を流したら、

❺ 顔を少し横に向け、ネープの部分も水圧で洗う。

❻ その後、顔を上に戻し、根元の部分に指を入れる。湯が流れ落ちる方向(真下)にゆっくり指(手)を動かし、残っている薬剤をていねいに洗い流していく。

EBINA'S STRAIGHT PERM

カットベースとの連動

基本はカットベースと同じスライス

スタイルによって施術中のスライスは異なるが、基本はカットと同じスライス。
大きく分けると横スライスのボブ系と斜めスライスのレイヤー系に。
ここでは、その2つの例を紹介する。

横スライスBOB

●薬剤塗布

薬剤を塗布するときは、コームを使わない。薬剤は毛束を指で挟んで馴染ませ、手の平全体で揉み込むようにして浸透させる。

●ドライング

ドライングは毛束を床に対して平行のスライスで引き出して。ブラシを使わず、根元から毛先へ優しく指を通しながら乾かしていく。

●アイロン操作

アイロンをスルーする毛束も、すべて床に対して平行のスライスで引き出す。ノーテンションでアールを描くように、ワンスルー。

●仕上げ

仕上げもアイロン操作と同様、引き出す毛束は床に対して平行のスライスで。アールを描くように手を移動させながら、ゆるやかな曲線になるように仕上げていく。

スライスはカットベースに連動するが、ボブもレイヤーも摩擦を起こす要素をできるだけ排除し、テンションをかけない施術でダメージを抑える点は同じ。

斜めスライス LAYER

●薬剤塗布

薬剤を塗布する際は、コームを使わずアプリケーターで。

●ドライング

ドライングは前上がりの斜めスライスで。毛束を引き出したら、根元からていねいに指を通し、アールを描くように移動させながら、毛先を内側に収めていく。ブラシは使わない。

●アイロン操作

アイロンをスルーする毛束も、すべて前上がりの斜めスライスを取って。アイロンはアールを描きながら、スライスに合わせて斜め前に移動させていく。

●仕上げ

仕上げもすべて、前上がりの斜めスライスで毛束を引き出して。指やブラシなどを根元から通して、アールを描きながら移動させ、毛先を内側に収める。

フォーム

アイロンスルーはフォームも重要

カットやブローは身体のフォームがとても大切。同じようにアイロンをスルーするときもフォームが重要。ポイントは体重の移動とアイロンの動かし方。手だけで行うのではなく、体重移動と手の動きを連動させて、髪に余計なテンションをかけないで。目指すのは直線の髪ではなく、しなやかな曲線の髪。

BOB

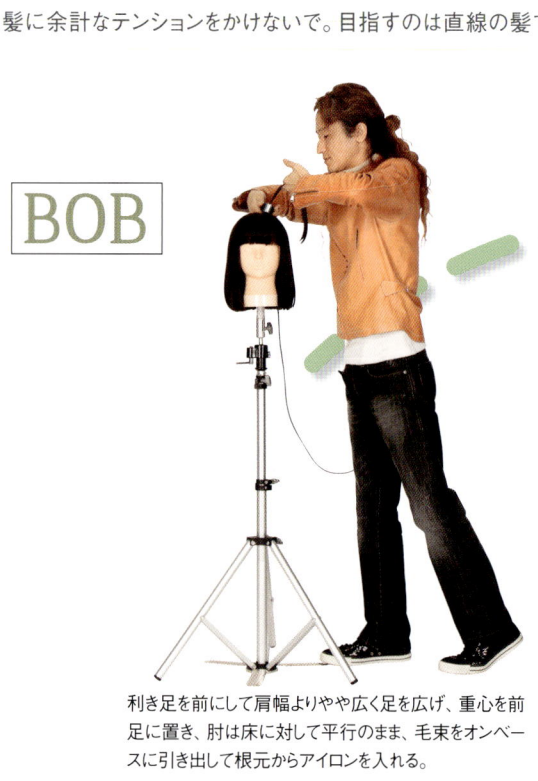

利き足を前にして肩幅よりやや広く足を広げ、重心を前足に置き、肘は床に対して平行のまま、毛束をオンベースに引き出して根元からアイロンを入れる。

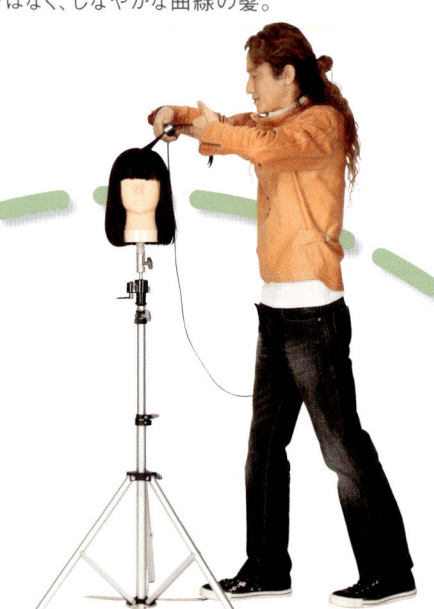

少しずつアイロンをスルーさせながら、アールを描いて

重心を後ろに移動させ、

毛先が内巻きになるようにしてアイロンを抜く。

膝を曲げてゆっくりと身体の重心を落としながらスルーを続け、

毛先にいくほど少しずつスルーのスピードを上げ、

LAYER

毛束がたるまないようにキープしながら、

アール状にアイロンをスルーさせ、

利き足を前にして肩幅よりもやや広く足を広げ、毛束をオンベースに引き出して根元からアイロンを入れ、

毛先にいくほど少しずつスルーのスピードを上げ、

しなやかに半円を描くようにアイロンをスルーさせ、

重心を落として、毛先にアイロンを抜いていく。

EBINA'S STRAIGHT PERM

ダメージレベルの定義

毛髪の明るさでダメージを見分ける

毛髪診断の際に重要な判断材料になるのがダメージレベル。もちろん、美容師としての経験によって培われた触診も重要。ここでは、視診によって判断するダメージの程度について、毛髪の明暗で健康毛、ローダメージ、ミドルダメージ、ハイダメージの4段階に分類する。毛髪の表面や内部がどのようになっているか、参考にしていただきたい。

COLOR LEVEL	4	5	6	7	8	9
DAMAGE LEVEL			LOW DAMAGE			

イラストでみる毛髪内部の状態			
損傷原因			セニング、ブローなどの乾燥
うるおい	水をはじくうるおいは充分		水をはじくやや乾燥している
手触り・弾力	ツルツルの手触り		ややゴワつきあり
ツヤ・その他	ツヤ、弾力がある		ツヤがやや悪い
電子顕微鏡で見る毛髪状態			

※資料提供:ルベル/タカラベルモント株式会社

| 10 | 11 | 12 | 13 | 14 | 15 |

MIDDLE DAMAGE		HIGH DAMAGE	
パーマ、カラーの単独使用	パーマ、カラー連用複合施術	パーマ、カラー連用、アイロンストレート、ホット系パーマ	パーマ、カラー複合連用＋熱処理、ハイブリーチ、ホット系パーマ・縮毛連用
水をやや吸い込む乾燥している	水を吸い込みやすい乾燥している	タオルドライでも乾く部分があるほどパサパサ	タオルドライでも表面が乾くほどパサつきがひどい
コシがやや弱いゴワつきがある	コシが弱く、ゴワゴワしてブラシが通りにくい	キシつく。コシがなく、濡れた状態で引張ると極端に伸びる	キシキシして手が引っかかる。濡れた状態で引っ張ると切れる毛がある
ツヤがやや悪く、ブラシが引っかかる	チリつきがあり、枝毛になっている	パサパサでツヤがなく白茶けている	枝毛、切れ毛が多い

EBINA'S VOICE 2

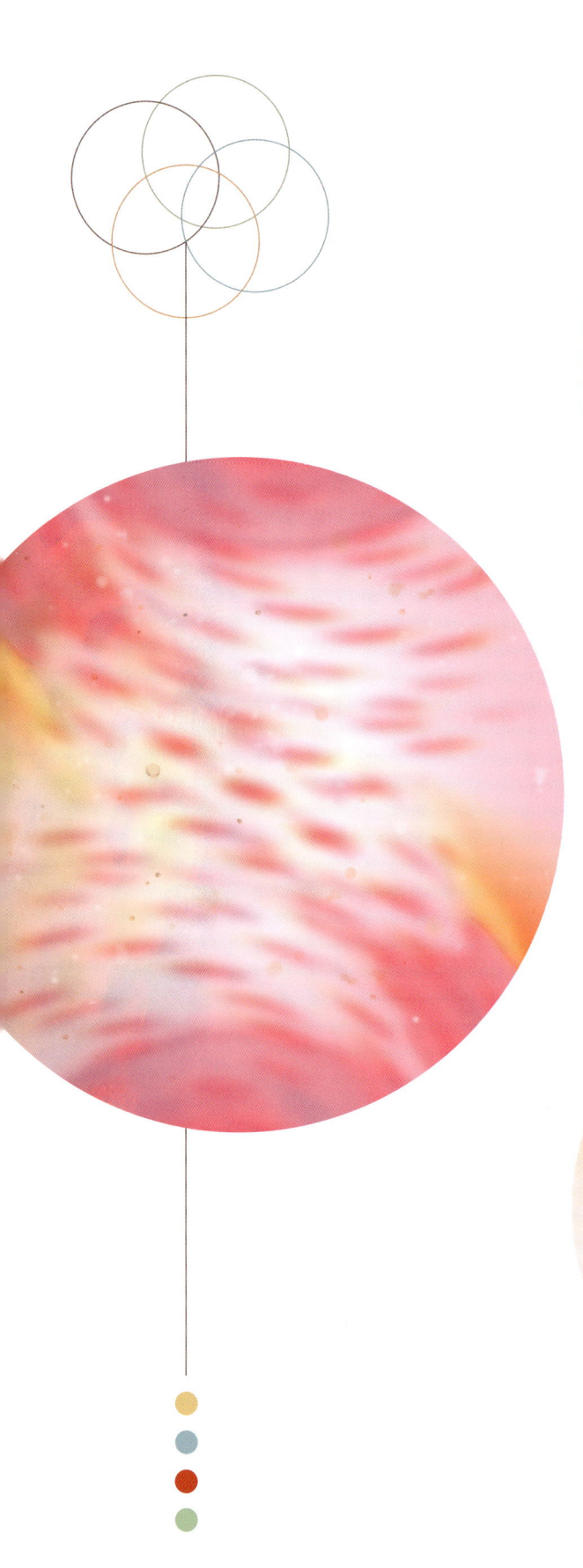

**クセが出てきたらまたかけたい。
いつもサラッとした髪でいたい**

いくら毛先がキレイだって、根元にクセが出てきたら、やっぱり気になるでしょ。だって、スタイルがキマらなくなるし、雨の日や梅雨のときなんて髪が膨らんじゃって、扱うのが大変！だからリタッチを繰り返せるかどうかは、ホントに重要なことなんだよね。

もう、そんなお客様の「悩み」は解消してあげようよ。

もちろん、ダメージさせないからこそ、繰り返しストパーがかけられるんだけれど、そのための工夫も、今回のテクニックには込められているんだよ。

例えば、毛髪診断をベースにした薬剤の塗り分け。クセの状態や、パーマやヘアカラーなど今まで髪にしてきたことを読みとり、根元、中間、毛先と薬を塗り分けるからこそ、ダメージが最小限で済み、繰り返しストパーをかけることができる。

それから、今までは新生部だけやっていたリタッチ作業。これからは、新しく伸びてきた部分だけじゃなく、改めて根元から毛先までストパーをかけ直そう。その方が髪全体の還元⇒酸化がしっかりでき、必要以上に傷ませることがないんだ。そして、根元も毛先も質感が同じになって、しなやかな仕上がりになる。だから、何回も繰り返しストパーをかけられる。

サロンに行った「そのとき」だけキレイなのではなくて、毎日がキレイな髪。女性は誰だってそんなヘアでいたいものでしょ。いつでもキレイな髪は、担当美容師の"勲章"でもあるよ。だから、繰り返せるって、とても大切。お客様は毎日キレイな髪でいられれば、とってもハッピーな気分になるよ。

CHAPTER 2

アイロンスルーの熱検証

EBINA'S
STRAIGHT
PERM

目には見えないアイロンの熱。
アイロンの役割はテンションではなく、熱を伝えること。
この本とDVDでは、熱が色の変化で見える
サーモグラフィ画像を使って、
どんなアイロンスルーが最も効果的で
ダメージが抑えられるのかを、
パネルの幅や厚さなどを変えて検証してみました。
正しいアイロンスルーは、すばやく適正温度になって、
スムースに冷めていくもの。
ぜひ確認して、正しいスルーを身につけてください。

※熱コントロールとは…アイロンの温度設定は常に180℃に保ち、スルースピードの調節で熱の伝わり方を変えること。
健康毛はゆっくり、ダメージが進んでいるほど速くしていく。

正しいスルー　BOB

毛束はすべてアールを描いて下に

ここでは正しいスルーについて見ていく。
アイロンの温度を180℃に設定して、厚さ2センチ、幅4センチで分け取った毛束をドライ状態でワンスルーしたとき、サーモグラフィで見ると、正しいスルーはすばやく赤色になり、その後、一定のスピードで冷めていく。
アイロンスルーするスピードや温度が下がっていくスピード感は、DVDを参考に——。
ボブの場合は、毛束をアールさせながらすべて下に。ムラなく均等に熱が伝わり、均等に冷めていくように意識して。

UNDER SECTION

アンダーセクションは、根元にアイロンを入れやすくするため、ややアップステム気味にする。

中間まで均等に熱が伝わっている。

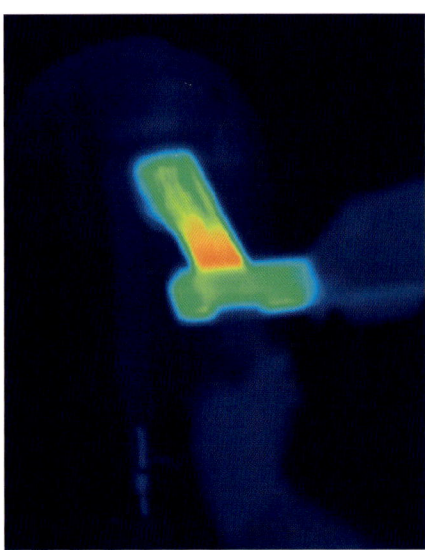

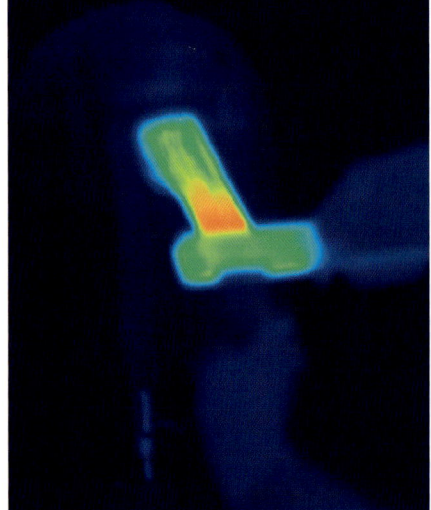

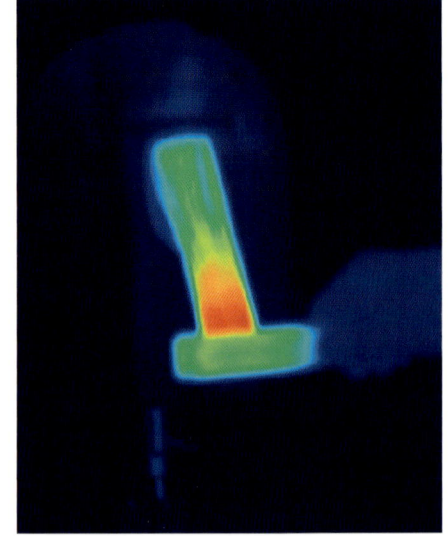

根元から中間へほぼ均等に熱が冷めている。

EBINA'S STRAIGHT PERM

ミドルセクションは、オンベースで均等に熱を加えていく。

MIDDLE SECTION

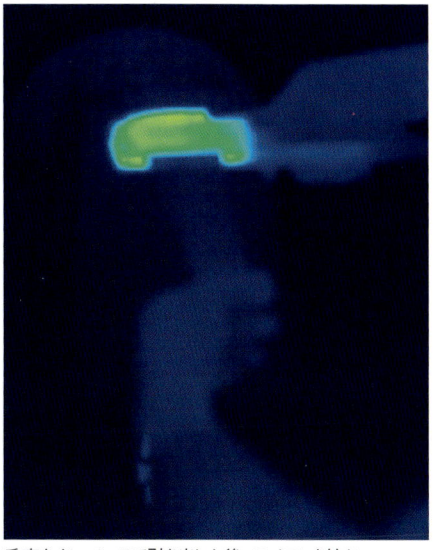

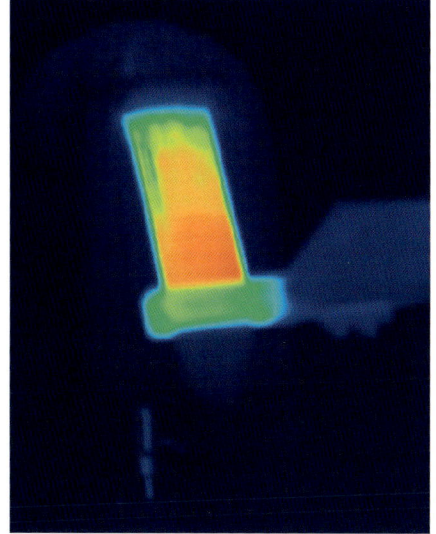

毛束をオンベースで引き出した後、アイロンを挟む。

根元から均等に熱が伝わっている。

伝わった熱がムラなく均等に冷めていっている。

| 正しいスルー | BOB |

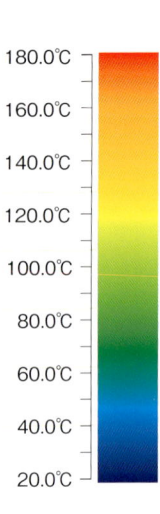

オーバーセクションは、ミドルセクションと同様、均等に熱を加えていく。

OVER SECTION

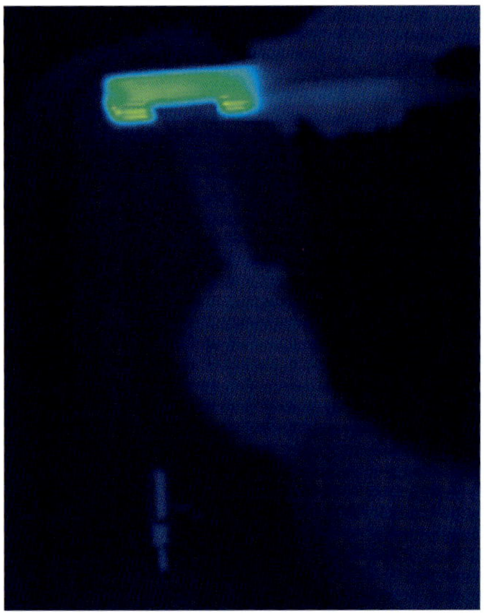

毛束をオンベースで引き出した後、根元にしっかりアイロンを入れる。

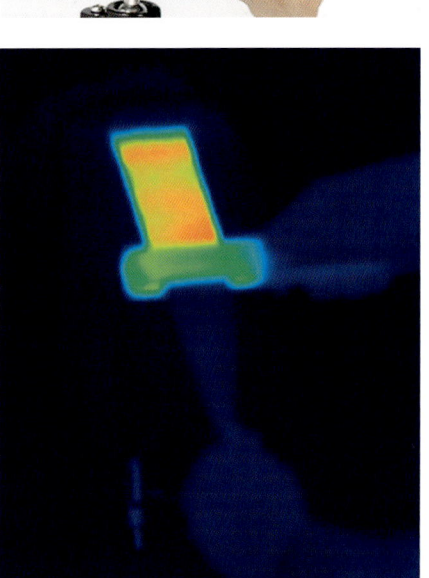

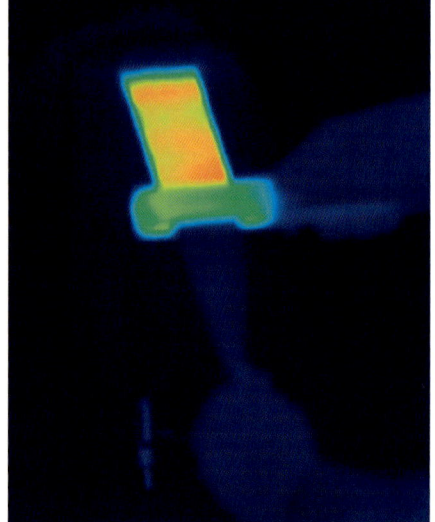

中間まで均等に熱が伝わっている。

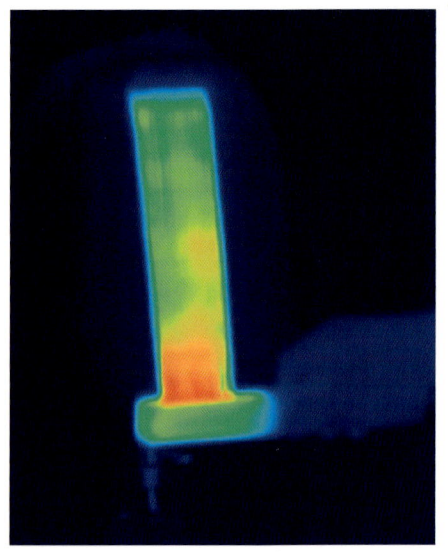

スルーし終えたところから均等に冷め始めている。

バングは、アイロンを顔からやや離すように意識してスルーする。

BANG

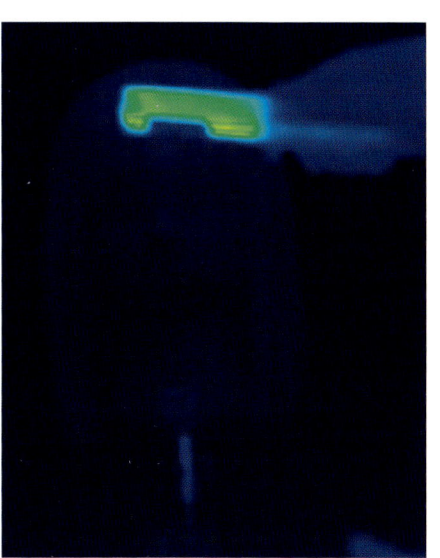

バングは、アイロンを少し顔から離して。

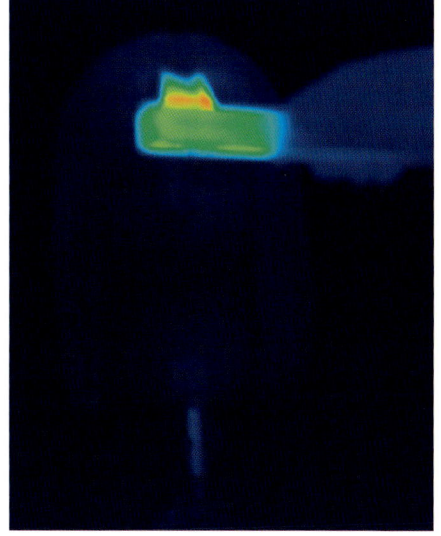

他のセクションより大きくアールさせるように意識する。

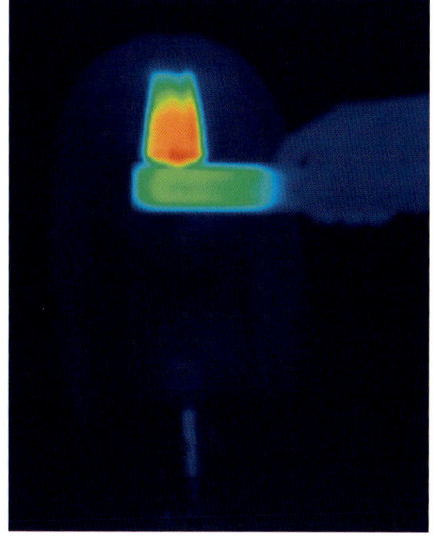

一定のスピードでワンスルー。熱が均等に伝わっている。

正しいスルー　LAYER

斜め前の方向に

正しいスルーをレイヤーの場合で見ていく。ボブと同じように、厚さ2センチ、幅4センチで分け取った毛束を9割ドライ状態でアイロンスルーしていく。このとき、アイロンの温度は180℃に設定。レイヤーは斜め前の方向に毛束をスルー。髪の状態に合わせてスピードをキープするか、少しずつ加速させていく。斜めに毛束を取っても、どんな角度でも同じように熱が伝わる、安定したアイロンワークを意識して。

UNDER SECTION

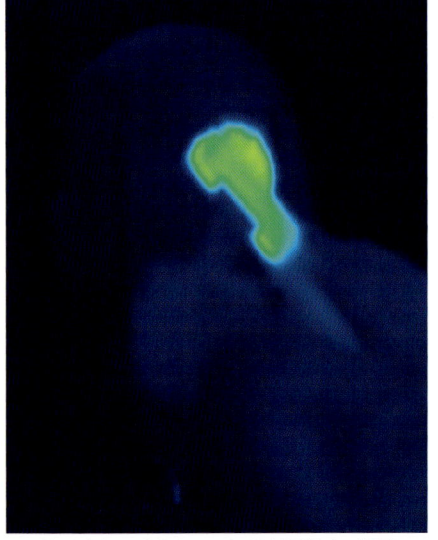

アンダーセクションはややアップステム気味にし、根元にアイロンを入れる。

斜めにスルーし、均等に熱が伝わっている。

スルーし終えたところから均等に冷めている。

ミドルセクションはオンベースで、斜めに毛束をスルーしていく。

MIDDLE SECTION

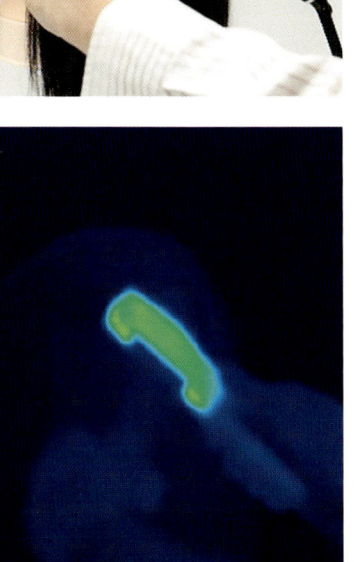

オンベースに引き出して根元にアイロンを挟んだ後、毛先に向かってスルー。

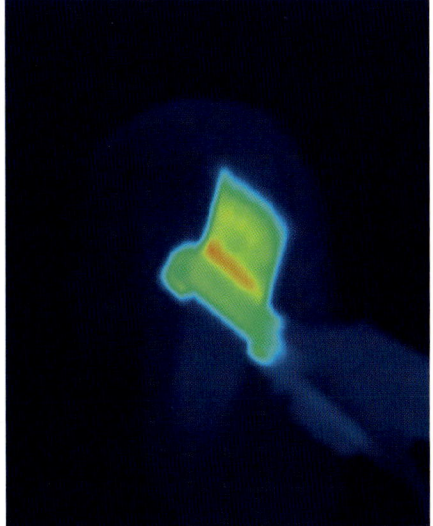

中間まで均等に熱が伝わっている。

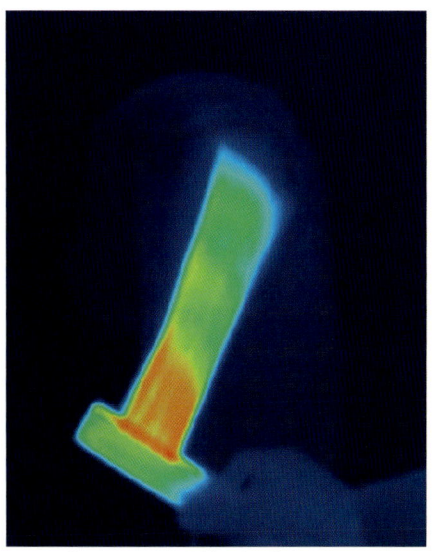

スルーを終えたところから均等に冷め始めている。

正しいスルー　LAYER

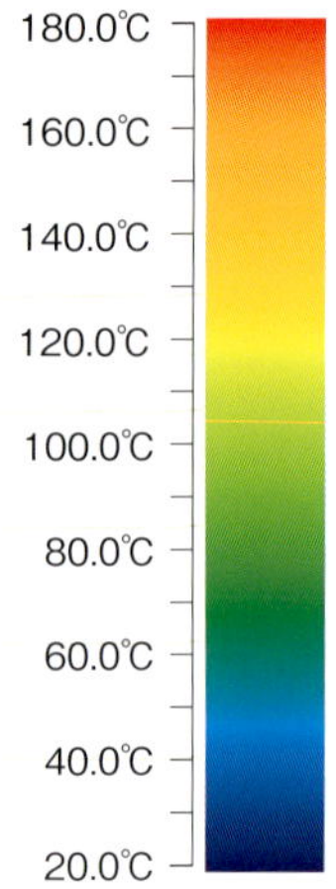

オーバーセクションはミドルセクションと同じ感覚で、斜めに毛束をスルーしていく。

OVER SECTION

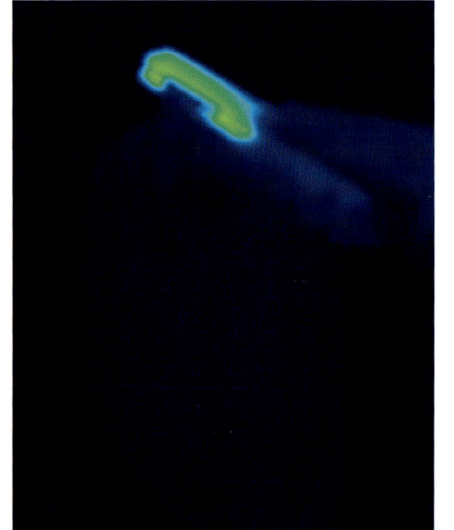

オンベースで根元からアイロンを入れる。

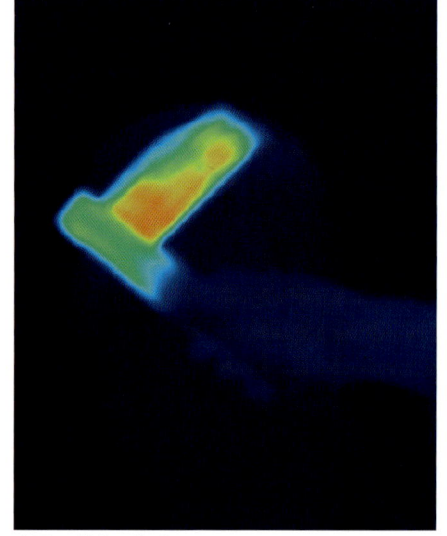

中間まで均等に熱が伝わっている。

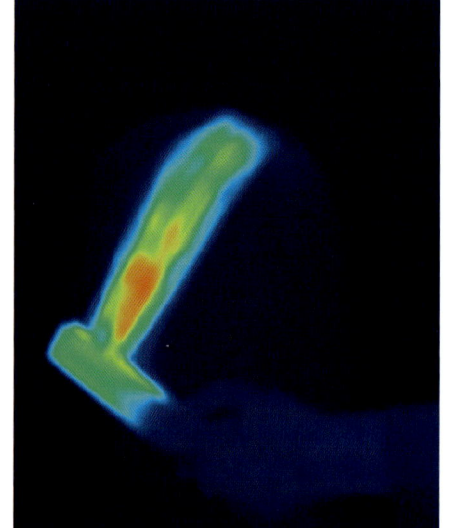

スルーを終えたところから均等に冷め始めている。

アイロンを顔からやや離すように意識してスルーする。

FRONT

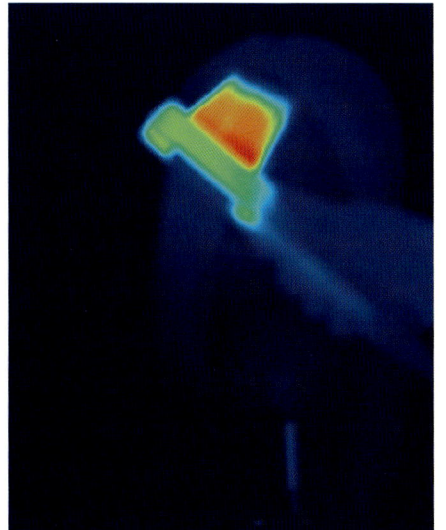

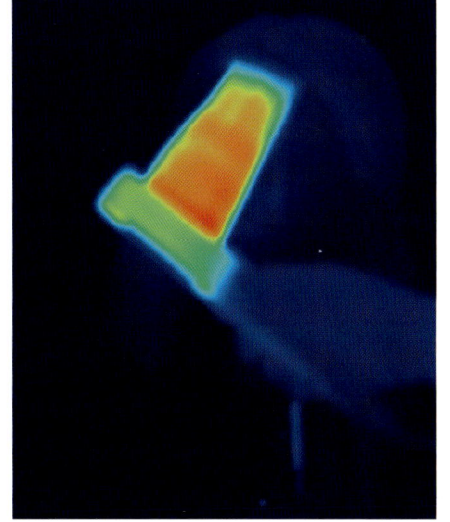

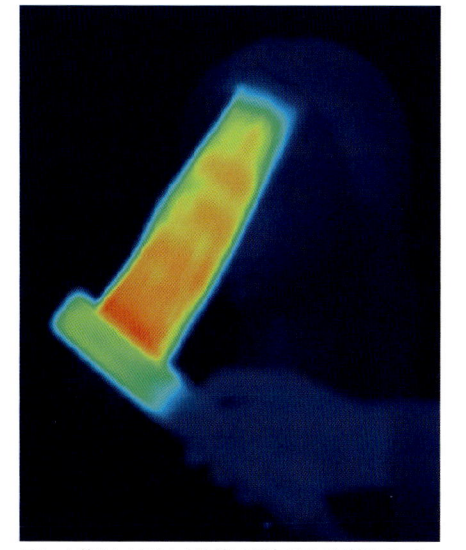

根元の部分に均等に熱が伝わっている。

中間まで均等に熱が伝わっている。

スルーし終えたところから均等に温度が下がり始めている。

幅別熱伝導比較

パネル幅が広いと熱が伝わりきれない

まずは、アイロンスルーする毛束の幅を変えて、熱の伝導状態を比較する。
幅3センチからアイロンの発熱板いっぱいの幅＝9センチまで、3段階の変化で熱の伝わり方を確認。
アイロンの温度は180℃に設定。スライスは2センチで熱伝導の状態の違いを比べてみた。

幅3センチ

全体に熱が均等に伝わり、冷めるスピードもちょうどいい。

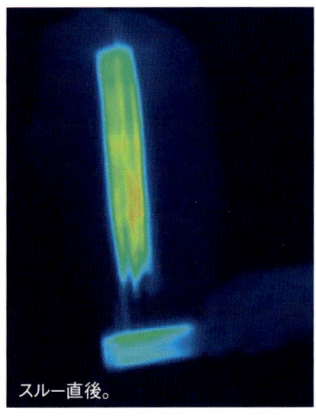

スルー直後。
10秒後。
20秒後。

幅5センチ

毛束の幅いっぱいに熱が均等に伝わっている。両端から徐々に冷めるのも均等。

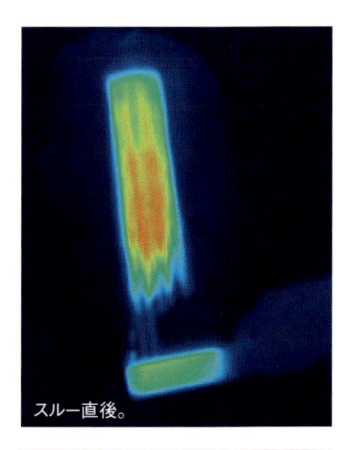

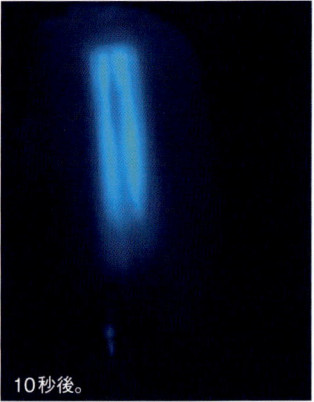

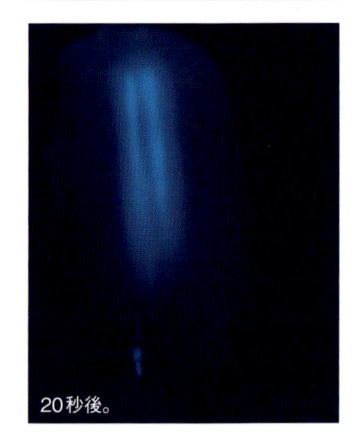

スルー直後。
10秒後。
20秒後。

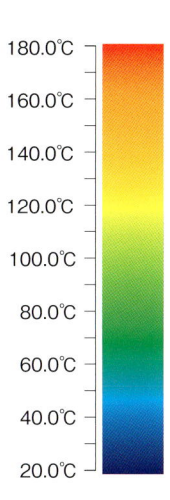

幅9センチ

色の変化でわかるように毛束の両端に伝わらず、熱の伝わり方にムラがあり、冷めていく過程も両端が速く、ムラになっている。

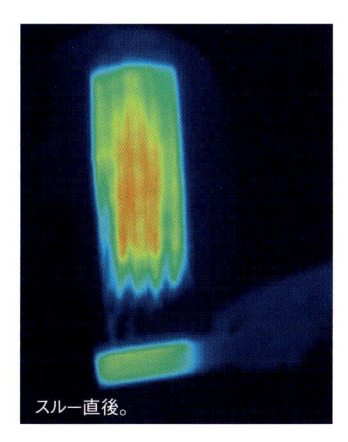

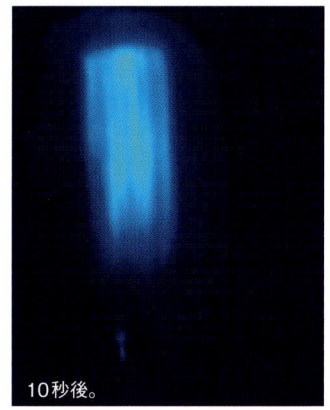

スルー直後。

10秒後。

20秒後。

結果

使用するアイロンの発熱板の幅にもよるが、毛束の幅は3〜5センチくらいが適当ではないかと思われる。注目して欲しいのは、発熱板いっぱいの幅＝9センチでアイロンスルーしたサーモグラフィの画像。毛束の両端に充分に熱が伝わらず、色が水色になって赤くなりきっていない。これはアイロンの構造上、発熱板の両端1センチの部分にヒーターが入っていないため、充分な熱が発せられていないことが原因。

つまり、発熱板の端で挟んだ髪は充分に伸びないことになる。ストパーは施術したものの、顔周りなどの髪のクセがすぐに戻ってしまうのは、こういった原因が考えられる。

厚さ別放熱比較

毛束が厚いほど熱がたまる

次に、アイロンスルーする毛束の厚さ別による放熱の比較。
毛束の厚さを1センチずつ変化させながら、180℃に設定したアイロンをスルーさせた毛束を半分に分けて割って、毛束の中の温度を確認。冷めていくスピードの違いを試してみた。

2センチ
冷めるスピードがやや速く、必要以上に熱がたまらない。

毛束を割った直後。
10秒後。
20秒後。

3センチ
やはり冷めるスピードが速く、熱がたまらない。

毛束を割った直後。
10秒後。
20秒後。

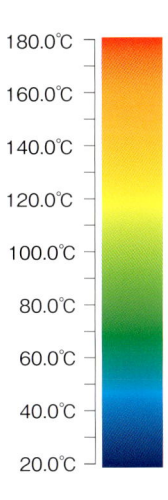

4センチ

やや熱がたまり気味。冷めるスピードが少し遅くなっている。

毛束を割った直後。

10秒後。

20秒後。

結果

毛束が厚いほどアイロンから伝わった熱が長く残ることがわかった。熱が長く残りすぎると、必要以上に毛髪内部に熱が伝わり、熱変性を起こす可能性がある。

今回の検証からは、毛束の内側までしっかり熱が伝わり、冷める速度も安定している2〜3センチくらいの厚さが適当かと思われる。また、4センチ以上の毛束になると、内側まで熱が充分に伝わらず、しっかり伸ばせない可能性がある。

水分量別熱伝導比較

毛束は9割ドライの状態が適切

このページでは、毛束の水分量を変えて、熱伝導の状態を比較する。
一般的な9割ドライの状態の他に、水スプレーをかけたウエットの状態、そしてタオルドライの状態と、
3種類の状態で熱の伝わり方を確認。アイロンの温度を180℃に設定し、
2センチのスライスで熱の伝わり方や冷める速度などを比べてみた。

9割ドライ

全体に熱が均等に伝わり、冷めるスピードもちょうどいい。

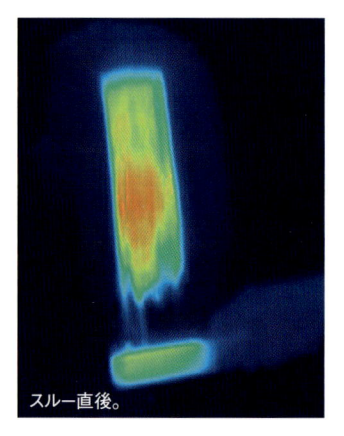

スルー直後。
10秒後。
20秒後。

ウェット（水スプレー）

熱が水に吸収されて水蒸気になってしまい、毛束に充分に伝わっていない。

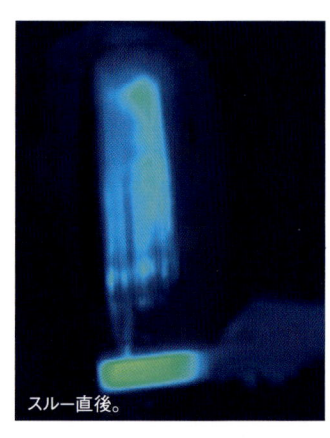

スルー直後。
10秒後。
20秒後。

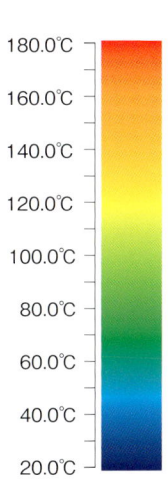

タオルドライ

根元の水分が残っている部分に熱が充分に伝わらず、冷めるスピードも速過ぎる。

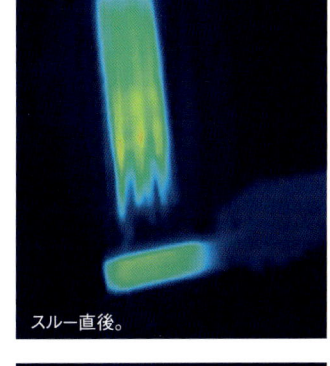

スルー直後。

10秒後。

20秒後。

結果

9割ドライの状態が適切となった。その理由は、ご覧の通り熱の伝わり方の違いである。9割ドライの状態の方が、確実に熱が伝わり、スムースに冷めていくのに対し、アイロンスルーの際、シュワッという音と共に軽く蒸気が出る程度のウエットの状態では、水分に熱を取られ、髪に充分に熱が伝わらず、サーモグラフィでは水色（40〜60℃前後）までしか変化していない。また、根元が乾いておらず、毛先だけ乾いているタオルドライの状態の場合、ウエットよりは毛束表面の温度が上がっているものの、やはり熱の伝導は充分とは言えない。

この検証から、アイロンスルーする毛束は、9割ドライの状態にするのが望ましい。

ダメージレベル別比較

ダメージが進むと熱がたまらない

ここでは、髪のダメージレベル別に、アイロンの熱の伝わり方や冷め方を比較する。
アイロンの温度を180℃に設定し、スルーのスピードは一定に。
使用する毛束は、カラーレベルで健康毛＝5レベル、ローダメージ＝9レベル、ミドルダメージ＝12レベル、ハイダメージ＝15レベルとし、それぞれの熱の伝わり方や冷めるスピードを比べてみた。

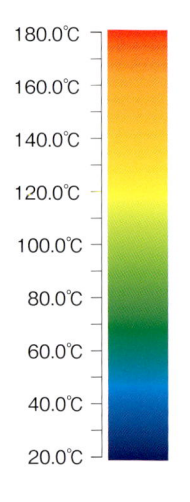

カラーレベル5＝健康毛

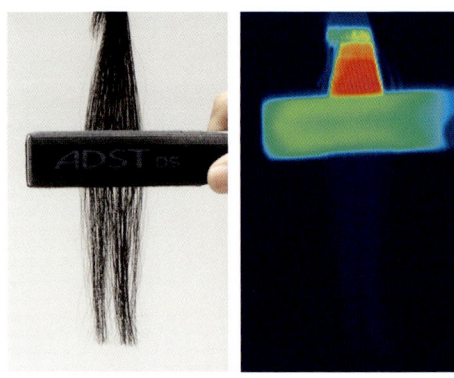

結果

検証の結果では、熱の伝わり方には大差がないものの、冷めるスピードに大きな違いが出た。サーモグラフィの毛先にアイロンがある状態を比べればわかる通り、ダメージレベルが上がるほど冷めていくスピードが速い。つまり、熱がたまらないということ。

この結果から、毛髪内部の間充物質が抜けてしまっているハイダメージ毛は、熱がたまらないことがわかった。つまり、ムリに伸ばそうとして熱をためるようなアイロン操作をするのは危険。スピーディなワンスルーが望ましい。また、健康毛はしっかり熱がたまるので、何度もスルーすると過剰に熱がたまってしまうことがわかった。このことから、健康毛の部分もワンスルーが望ましい。

根元が赤くなって充分に熱がたまっている。

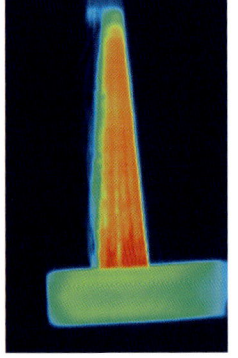

毛束の端が水色に変化し、冷めるスピードがちょうどいい。

カラーレベル9＝ローダメージ	カラーレベル12＝ミドルダメージ	カラーレベル15＝ハイダメージ
必要なだけの熱は毛束にたまっている。	毛束に熱が充分にたまっていない。	毛束に熱がたまらず、冷めるスピードもやや速過ぎる。
冷めるスピードはちょうどいい。	冷めるスピードがやや速い。	冷めるスピードがかなり速く、毛束に熱がたまらない。

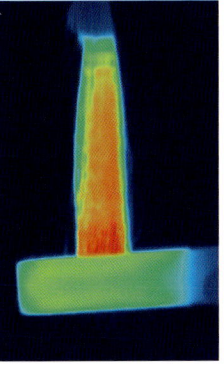

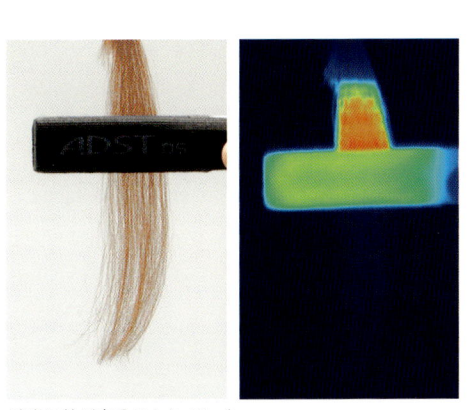

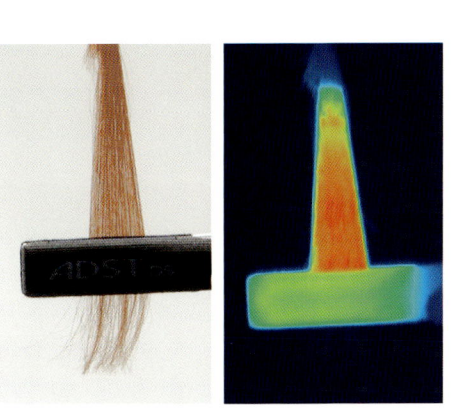

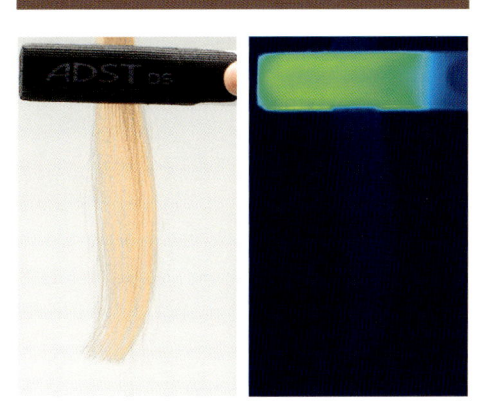

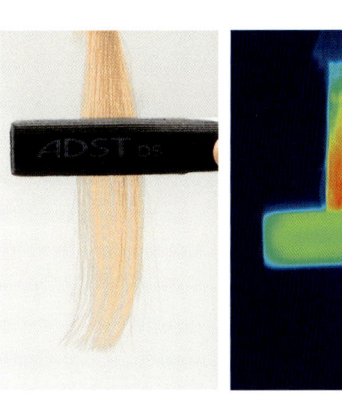

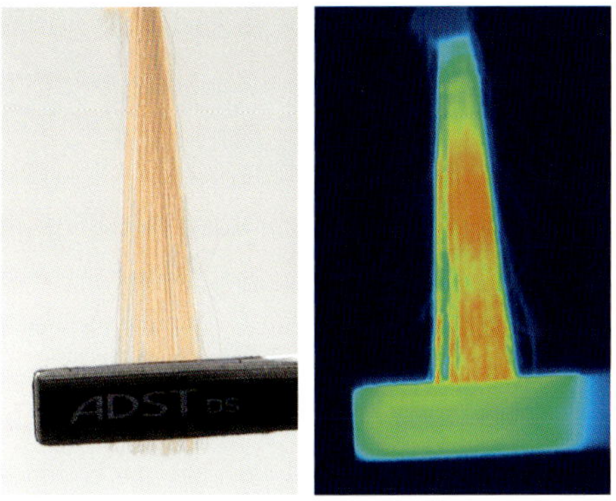

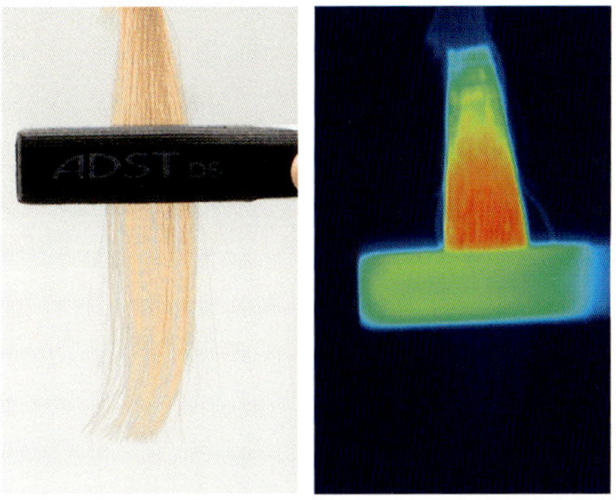

よく見かけるNGスルー

熱の伝わり方のムラに注意

ここからは、サロン現場でよく見かけるNGスルー4種類を検証していく。
アイロンの温度を180℃に設定し、スルーのスピードは一定に。
一見、正しく見えるスルーや、ついついやってしまいがちなスルーのパターン。
このどれもが、ダメージを進行させるという問題を抱えている。さて、あなたのアイロンスルーは大丈夫!?

ダウンステムでワンスルー

一見、正しいスルーのように見える。だが、よく見るとダウンステムで毛束を引き出しているため、根元にアイロンが入らず、熱が充分に伝わっていない。そのため、根元の伸びが不完全に終わる可能性がある。また、ダウンステムの場合、真下に引っぱるかたちになるので、余計なテンションがかかって熱が不均等に伝わり、横にラインが出ている。

NG!

ダウンステムで引き出しているため、根元にアイロンが入らない。また、真下に引っぱるとテンションがかかり、熱ムラが起きるのでNG。

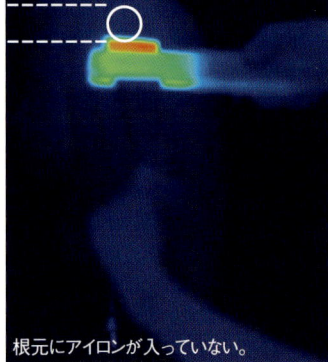

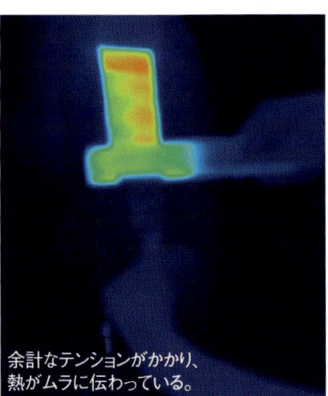

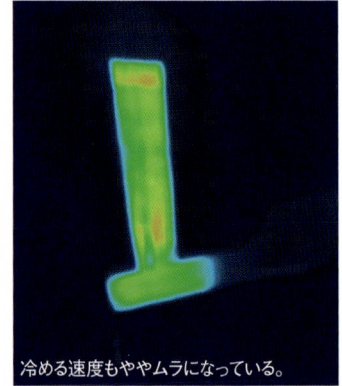

1 ダウンステムでアイロンを入れている。 — 根元にアイロンが入っていない。

2 ワンスルー中間。 — 余計なテンションがかかり、熱がムラに伝わっている。

3 ワンスルー毛先。 — 冷める速度もややムラになっている。

ツースルーとは、
同じ場所を2回スルーすること。

ツースルー

中間部までのワンスルー目はいいのだが、根元に戻ってツースルー目に入ると、根元から中間部まで熱が重なり、熱くなってしまう。そのため、中間部を中心にダメージが進行し、毛髪内部が熱変性を起こす危険性がある。

NG! 根元から中間を2回スルーしているため、過剰に熱が伝わりNG。

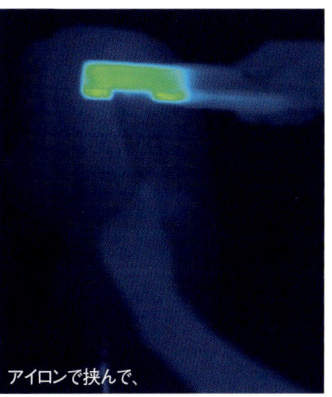

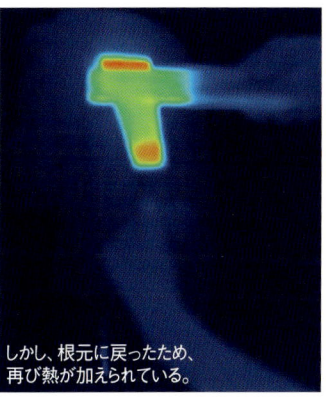

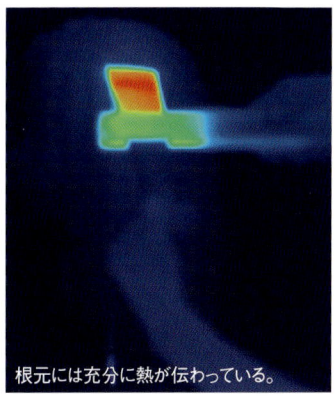

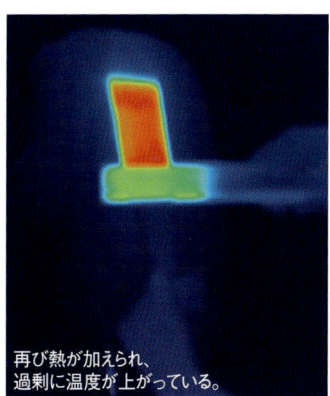

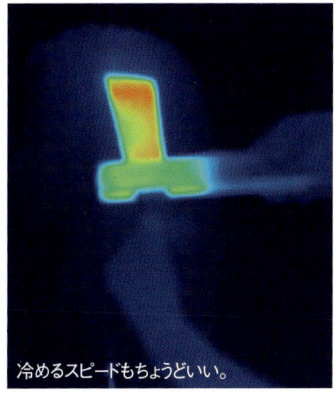

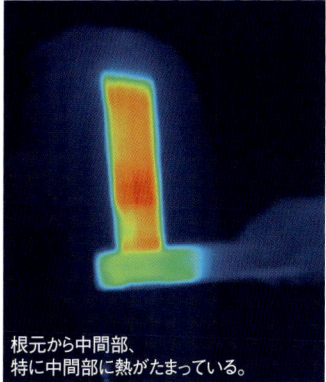

1 ワンスルー根元。 アイロンで挟んで、
2 ワンスルー中間。 根元には充分に熱が伝わっている。
3 アイロンをはずし、 冷めるスピードもちょうどいい。
4 ツースルー根元。 **NG!** しかし、根元に戻ったため、再び熱が加えられている。
5 ツースルー中間。 **NG!** 再び熱が加えられ、過剰に温度が上がっている。
6 ツースルー毛先。 **NG!** 根元から中間部、特に中間部に熱がたまっている。

よく見かけるNGスルー

スリースルーとは、同じ場所を3回スルーすること。

スリースルー

3拍子でのスリースルー。ワンスルー目は問題ないが、ツースルー目、スリースルー目になると、根元から中間部の複数回スルーした部分に過剰に熱がたまり、レングスの根元2/3くらいに過剰に熱が伝わっている。そのため、毛髪内部が熱変性を起こしている可能性が高い。

NG! 根元から中間を3回スルーしているため、過剰に熱が伝わりNG。

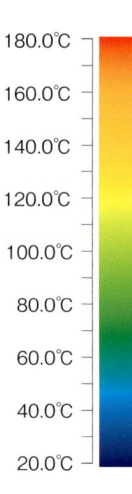

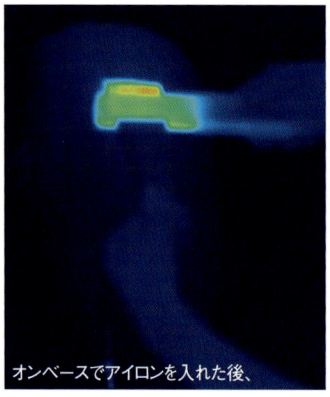

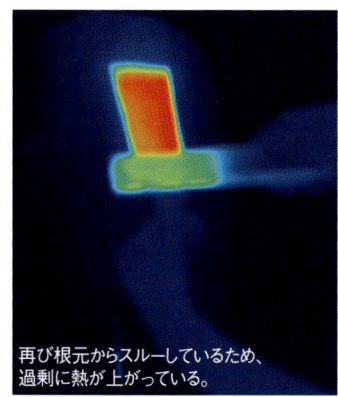

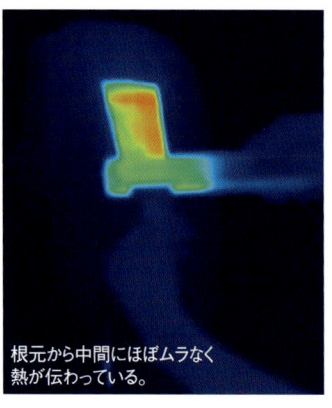

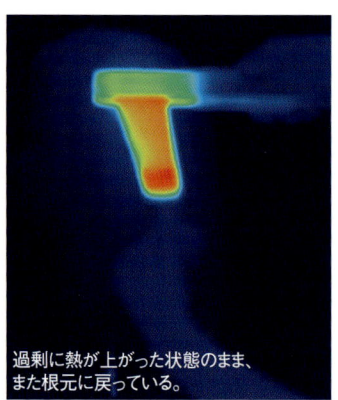

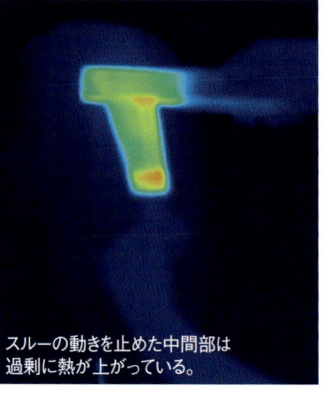

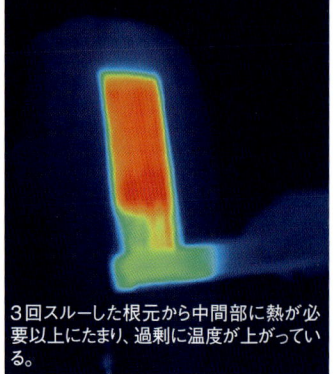

凡例：180.0℃ / 160.0℃ / 140.0℃ / 120.0℃ / 100.0℃ / 80.0℃ / 60.0℃ / 40.0℃ / 20.0℃

1 ワンスルー根元。
オンベースでアイロンを入れた後、

2 ワンスルー中間。
根元から中間にほぼムラなく熱が伝わっている。

3 ツースルー根元。 NG!
スルーの動きを止めた中間部は過剰に熱が上がっている。

4 ツースルー中間。 NG!
再び根元からスルーしているため、過剰に熱が上がっている。

5 スリースルー根元。 NG!
過剰に熱が上がった状態のまま、また根元に戻っている。

6 スリースルー毛先。 NG!
3回スルーした根元から中間部に熱が必要以上にたまり、過剰に温度が上がっている。

小刻みスルー

毛束の上で小刻みに往復を繰り返しながら熱を加えているパターン。一見、ていねいに見えるが、特に中間部など、何度も重ねてスルーした部分は過剰に熱が上がっている。その結果、過剰に熱せられている部分は、毛髪内部が熱変性している可能性が高い。

NG! 根元から中間まで複数回スルーしているため、過剰に熱が伝わりNG。

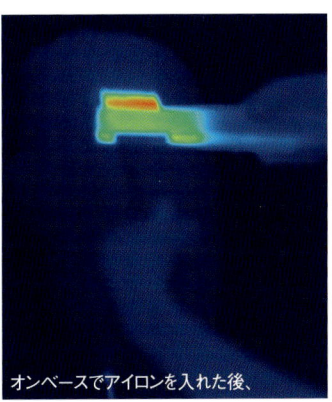

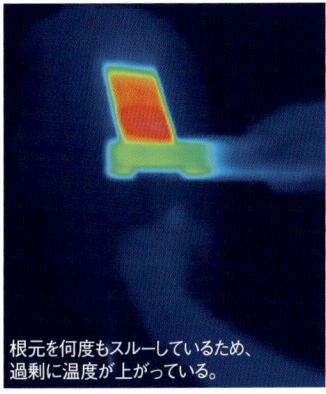

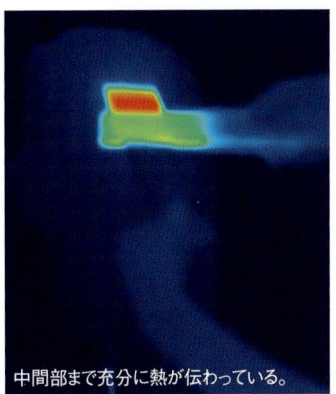

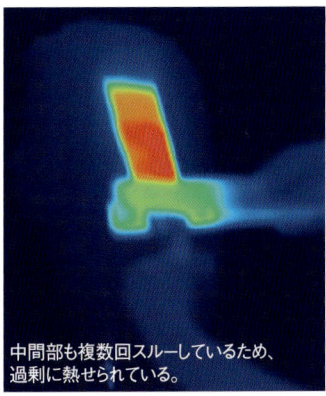

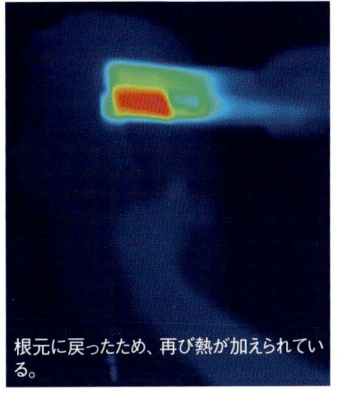

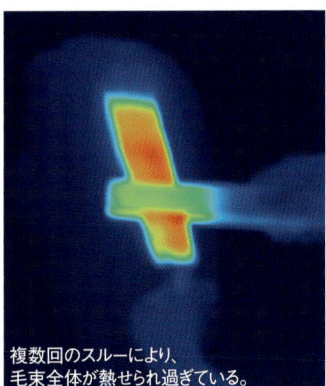

1. ワンスルー根元。 — オンベースでアイロンを入れた後、
2. ツースルー中間。**NG!** — 中間部まで充分に熱が伝わっている。
3. アイロンをはずして、**NG!** — 根元に戻ったため、再び熱が加えられている。
4. スリースルー中間。**NG!** — 根元を何度もスルーしているため、過剰に温度が上がっている。
5. フォースルー中間。**NG!** — 中間部も複数回スルーしているため、過剰に熱せられている。
6. ファイブスルー中間。**NG!** — 複数回のスルーにより、毛束全体が熱せられ過ぎている。

EBINA'S VOICE 3

手ざわりがよくて、風になびく。
自然な風合いがうれしい

今までのストレートパーマって、どうだった？

お客様からクレームが来ないように、伸ばすことに躍起になっていなかったかな。確かに伸ばすことは大切だけど、どういう感じに伸ばすかまで考える余裕がなかったのが、正直なところじゃないかな。

そんな結果なんだと思うけど、ひたすらまっすぐに伸びて、とても不自然で動かなくなっちゃったヘアスタイルを、街中でよく見かけるんだ。

お客様の方だって、最初は伸びたことに感動するけど、しばらくすると不自然な伸び方に、何だか納得いかない気分になっているんじゃないかな。そんなデリケートな気持ちを、少しでもすくってあげたいと思うのが、プロの美容師だよね。僕もそう。

今回のテクニックをじっくり観てもらえればわかるけど、ストパーをかけるときの髪の扱いには、スタイルと連動した"ルール"がある。

勘のいいキミなら、もうわかるよね。

そう。ボブなら下に、レイヤーなら斜め前にと、スタイルが仕上がったときに自然に収まる方向に、毛束を常に動かしながら施術している。

例えばボブなら、アイロンをスルーするときも、髪の毛を乾かすときも、そしてもちろん仕上げるときも、ずっと下の方向に髪を動かす。同じようにレイヤーなら、斜め前の方向に──。

大切なことは、常に仕上がりのスタイルをイメージして、髪がどの方向に落ちていくのかを意識すること。そんな、ちょっとした気遣いが、仕上がりを左右する。ストパーをかけたのに、手ざわりがよくて、風にもなびく。コレってちょっとセンセーショナルじゃない？

そんな、自然な風合いに仕上げるのが、お客様が求めている本当のストレートパーマだね。僕たちが目指しているのは、伸ばすだけでなく、デザインされたワンランク上のストレートパーマだからね。

CHAPTER 3

アイロンストパーの実践プロセス

EBINA'S
STRAIGHT
PERM

"EBINA流"ストレートパーマは、
各プロセスに工夫やアイデアがいっぱい。
今まで当たり前にやっていたことと異なるやり方が
いくつも出てきます。
ここではボブとレイヤーで実践。
ダメージを抑えたり、時間を短縮したりできる、
"目からウロコ"の施術。
新しい"スタンダード"として、ぜひ採用してください。

※1stストパーとは…初めてストレートパーマをかけること。全頭に同じ薬剤を塗布することを基本とする。
　2ndストパーとは…ストレートパーマを2回目以降にかけること。根元、中間、毛先と薬剤を変えて塗布することを基本とする。

1stストパーでは均一に伸ばすのがポイント
横スライスBOB

(波状毛でシルエットが膨らんでいる。)

(フォルムが崩れている。)

BEFORE

(骨格に沿った
しなやかな曲線に
なっている。)

(毛先が自然に
内巻きに
収まっている。)

AFTER

EBINA'S STRAIGHT PERM

横スライスBOB

1stストパー

全頭の波状毛を均一に伸ばし、しなやかな曲線のボブにする

ドライング、アイロン操作、ブローと、
すべて床に対して平行にスライスを取り
アールを描きながら下へ降ろしていく。
スルーはスピードをキープして、毛束に熱を均一に当てる。
髪に通した指、ブラシ、アイロンも、
大きくアールでしなやかな曲線を描き、毛先が内向きに収まるように。

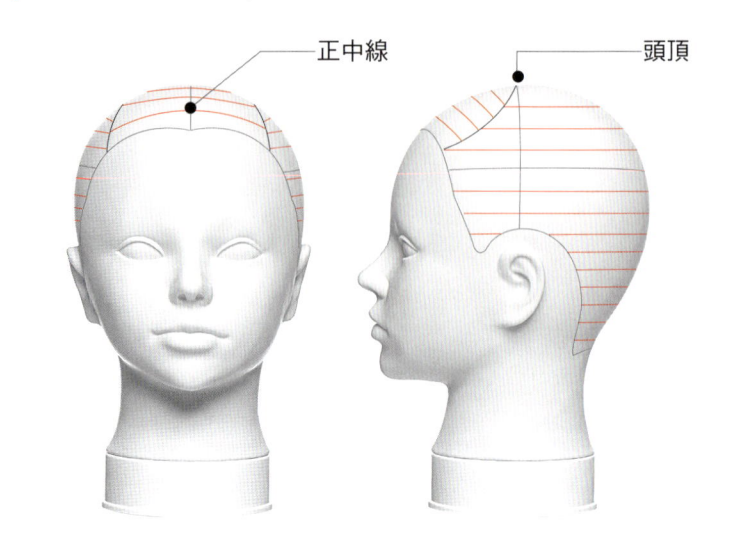

正中線　　頭頂

POINT

● ボブはアールを描いて下へ

● スピードをキープ

プロセスでは、すべて床に対して平行にスライスを取り、
アールを描いて下へ。根元から毛先までダメージ度に大差がない髪は、
アイロンのスピードをキープしながらワンスルー。

ハケで塗布すると薬剤がムラにつく。

毛髪診断
ナノミストを当てて髪本来のクセをよみがえらせていく。ミストを当てるにしたがい、本来のクセがよみがえってくる。

ブロッキング
頭頂を通るイア・トゥ・イアと正中線、そして前髪の5つに分ける。毛束を引き出すときはカットのスライスと同様に、床に対して平行に取る。

1剤塗布
薬剤の塗布はノーコーミング。すべて手で行う。まず、根元を1.5センチ空け、毛束の根元から中間にハードタイプを塗布していく。引き出した毛束に、アプリケーターに入れた薬剤を、S字を描くように塗布。

毛束を指で挟んで滑らしながら薬剤を馴染ませ、その後、手の平全体で包み込むようにして軽く揉みこみ、薬剤をまんべんなく浸透させていく。

① ② ③ ④

⑤ 根元から中間にかけて1剤を全頭に塗布したら、時間差で中間から毛先には、直線で塗布していく。

⑥ 塗布した薬剤は、手で優しく揉み込むようにして浸透させていく。

⑦ 毛先まで塗布したら、

⑧ 軟化チェックのために、後頭部とネープの中間部（ぼんのくぼのすぐ上）の毛束をダウンステムで引き出し、ロッドに毛先から根元まで同じピッチで3回転半、スパイラル巻きにする。

使用薬剤
根元：医薬部外品ハードタイプ
中間～毛先：時間差でハードタイプ

EBINA'S STRAIGHT PERM 45

1stストパー　　　横スライスBOB

薬が乾いて作用しなくならないよう、顔周りとネープに隙間が空かないように注意しながら、全頭をフワッとソフトにラッピングし、15分間自然放置する。

⑨

軟化チェック
ロッドをはずし、巻きつけた毛束に均等にスパイラルカールが出てきたら軟化完了のサイン。

⑩

中間水洗
過膨潤を防ぐため、湯をやや低めの温度に設定し、シャワーの水圧だけでフェイスラインから頭頂までの1剤を流していく。

⑪

その後、顔を横にしてネープ部分の薬剤を水圧で流し、

⑫

さらに、湯の落ちる方向にしたがって髪に指を通し、

⑬

根元から毛先に移動させて薬剤を完全に洗い流していく。

⑭

ドライング
ドライはアンダーセクションから。横スライスで毛束を引き出し、仕上がりをイメージして、

⑮

根元から毛先に向かってアールを描くように指を通しながら乾かしていく。

⑯

アイロン

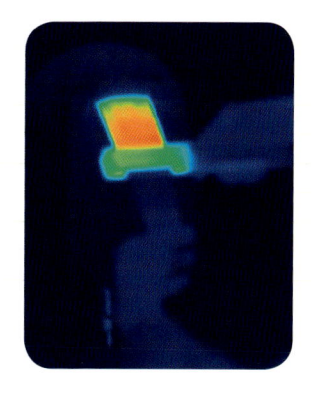

アンダーセクションから。アイロンを180℃に設定。スライスは床に対して平行に取る。ネープは根元に入れやすいよう、ややアップステム気味に毛束を引き出し、

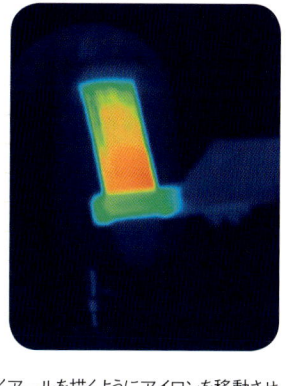

アールを描きながらアイロンをスルーさせ、毛先を内巻きにして収める。

ミドルセクションはスライスを床に対して平行に取り、毛束をオンベースで引き出して、根元からアイロンを入れる。

大きくアールを描くようにアイロンを移動させながらスルー。毛束が自然に落ちる位置に収め、毛先が内巻きになるようにアイロンを抜く。

⑰ ⑱ ⑲ ⑳

2剤塗布

アイロンの熱が冷めてから、床に対して平行にスライスを取って毛束を引き出し、1剤のときと同じスライスで、アプリケーターに入れた2剤を根元から中間に塗布していく。

薬剤を手の平全体で優しく揉み込むようにして馴染ませていく。

全頭の根元から中間に塗布し終えたら、続けて中間から毛先に塗布していく。

仕上げ

2剤を洗い流した後、髪の毛をアールを描くようにしながら乾かしていく。このとき、毛を散らしては絶対にいけない。

㉑ ㉒ ㉓ ㉔

2剤はアイロンの熱を冷ましてから塗布する。
熱で変化した形状は、冷めながら固定し、
冷めた時点で安定するので。

EBINA'S STRAIGHT PERM 47

2ndストパーでは薬剤の塗り分けがポイント
横スライスBOB

（3か月後。根元の新生部に波状毛が出てシルエットが四角形に。）

（全体にうねりが出てフォルムが崩れている。）

BEFORE

(根元から毛先まで質感が合っている。)

(全体にしなやかに伸びている。)

AFTER

EBINA'S STRAIGHT PERM 49

| 横スライスBOB

2ndストパー

新生部と既ストパー部を塗り分け、全頭の質感をつなげる

ナノミストでクセをよみがえらせて、新生部と既ストパー部を見分ける。
薬剤を塗り分け、アイロンスルーもスピードを変えて対応していく。
ドライング、アイロン操作、ブローは、
すべてセオリー通りにアールを描きながら下に。
薬剤を塗り分けることで質感をつなげ、しなやかな風合いに。

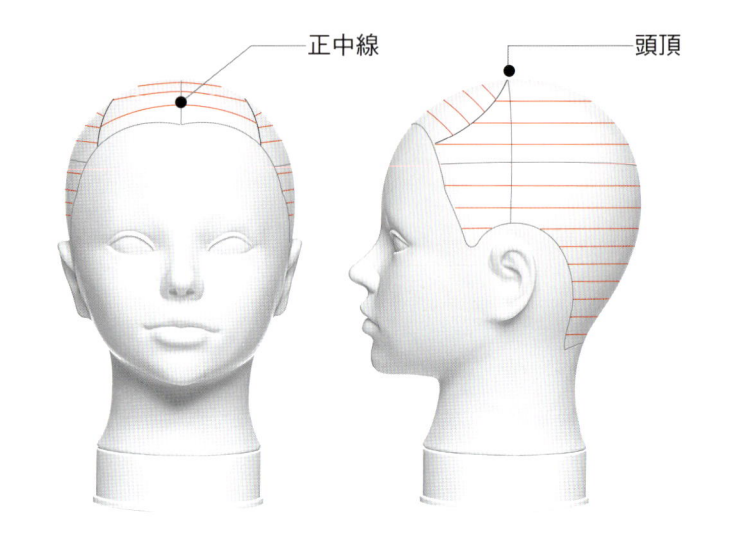

正中線　　頭頂

POINT

● コンディションに合わせて塗り分け

● スピードの変化

毛髪診断にしたがって新生部と既ストパー部は、薬剤を塗り分けて。
アイロンスルーのスピードは、既ストパー部にさしかかったら、少しずつ速くしていく。

1 毛髪診断
ナノミストを当て、本来のクセをよみがえらせる。ミストを当てるにしたがい、根元の新生部は細かい波状、中間の既ストパー部は大きな波状（うねり）、毛先は不揃いな直毛になっていく。

2 ブロッキング
頭頂を通るイア・トゥ・イアと正中線、前髪の5ブロックに分ける。毛束を引き出すときのスライスは床に対して平行に。

3 1剤塗布
毛束を引き出し、頭皮から2センチくらい空けて、根元6センチ強の新生部にハードタイプの薬剤をアプリケーターで塗布。

4
毛束を指で挟んで馴染ませていく。同様にして全頭の根元6センチ強に塗っていく。

5
全頭の根元6センチ強にハードタイプを塗布し終えたら、すぐにコスメタイプの1剤を中間から毛先に塗布していく。

6
毛束を指で挟んで1剤を馴染ませたら、指の腹の部分で優しく押す感覚で浸透させていく。

7
毛先までしっかり浸透させる。

8
残りの中間から毛先の全頭に1剤を塗る。その後、軟化チェック用に後頭部のぼんのくぼの上の部分から毛束をダウンステムで引き出し、ロッドに毛先から根元まで同じピッチで3回転半、スパイラル巻きにする。

使用薬剤
根元：医薬部外品ハードタイプ
中間〜毛先：コスメタイプ

2ndストパー　｜横スライスBOB

フェイスラインとネープに隙間ができないよう注意しながら、全頭をフワッと優しくラッピング。根元をつぶさないようにする。15分間自然放置。

⑨

軟化チェック

15分の放置後、ロッドをはずし、毛束に均等にスパイラルカールが出ていれば軟化完了のサイン。

⑩

中間水洗

まず、過膨潤を防ぐためやや低い温度に設定した湯をフェイスラインから頭頂の部分にかけ、水圧で1剤を流していく。

⑪

次に、顔を横に向け、ネープの部分の1剤を流し、

⑫

続いて根元から毛先に向けて指を通し、湯が落ちる方向に向けて1剤を完全に洗い流していく。

⑬

ドライング

根元の新生部6センチ強を先に乾かした後、

⑭

既ストパー部の中間から毛先に向かって大きくアールを描くように指を通し、全体を乾かしていく。

⑮

アイロン

アイロンを180℃に設定。アンダーセクションはアップステム。ミドルとオーバーはオンベースに毛束を引き出し、毛先を持った左手で毛束がたるまないようにしながら、根元からアイロンをスルーさせていく。

⑯

ドライングとアイロンはアンダーセクションから。
下から積み重ねるように施術していく。

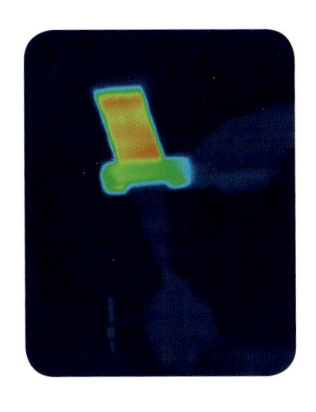

このとき、既ストパー部である中間部にアイロンがさしかかったら、スピードを少しずつ速くしながら毛先にスルーさせていく。

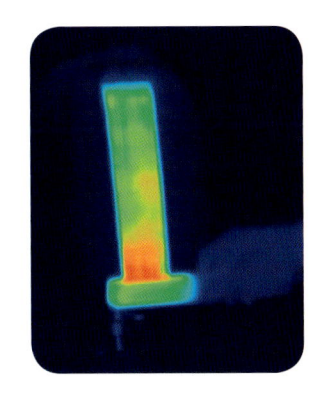

毛先は内側に入るように。全体に大きくアールを描くようにスルーさせていく。同様にオーバーまでスルーさせる。

2剤塗布

冷めてから2剤塗布。アイロンワークと同じ順序でやると、冷めているのでムダがない。新生部の根元6センチ強の部分にハードタイプの2剤を塗布し、全頭の根元に塗っていく。

毛束を指に挟んで薬剤を馴染ませ、

⑰ ⑱ ⑲ ⑳

手の平全体で包み込むようにし、優しく揉み込む。

その後、既ストパー部の中間から毛先にコスメタイプの2剤を塗布していく。

2剤を全頭に塗り終えた状態。全体の根元が浮いて、毛先は内巻きになっている。

仕上げ

2剤を洗い流した後、優しく指を通して、根元から毛先に向かって髪の毛を内巻きにしながら仕上げていく。このとき、決して髪を散らしてはいけない。

㉑ ㉒ ㉓ ㉔

✗ コームで薬剤を伸ばしている。こうすると根元がつぶれ、中間部の丸みがなくなってしまい、不自然な直毛になってしまう。

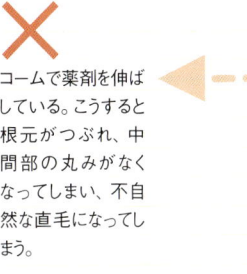

EBINA'S STRAIGHT PERM 53

1stストパーは薬剤の時間差塗布がポイント
斜めスライスLAYER

(波状毛でシルエットが広がり、フォルムが崩れている。)

(クセの影響で髪が上がり、レングスが短くなっている。)

BEFORE

(自然でしなやかな
シルエットに
なっている。)

(クセが伸びて
レングスが長くなっている。)

AFTER

EBINA'S STRAIGHT PERM 55

斜めスライスLAYER

1st ストパー

根元と、中間から毛先を時間差で薬剤塗布し、均一に伸ばす

根元と、中間から毛先に若干あるコンディションのギャップを、時間差の薬剤塗布でクリアする。
髪の動かし方は、ドライング、アイロンスルー、ブローと、すべて斜めスライスで斜め前方向に。
波状毛を均一に伸ばして、しなやかな仕上がりを実現する。

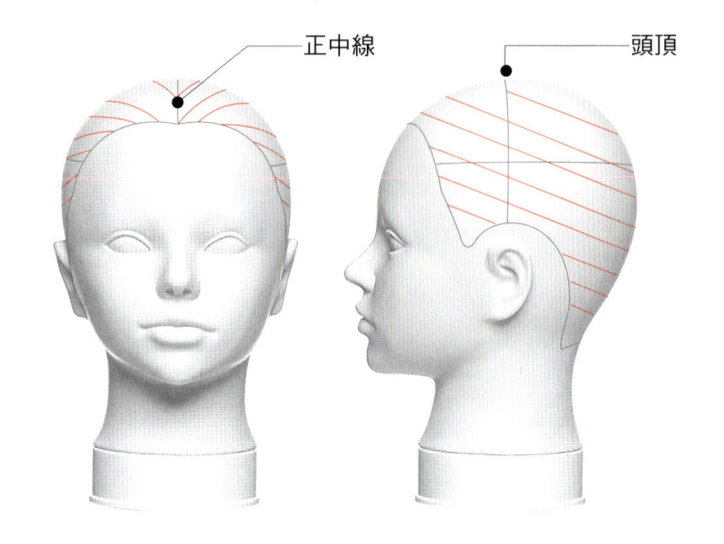

正中線　頭頂

POINT

●時間差の塗り分け

●斜め前に

新生部とそれ以外の部分のコンディションに若干の差があるので、
根元と、中間から毛先への薬剤塗布に時間差をつけて、反応時間を調節する。
ドライングやブローはパネルをすべて斜め前に。

毛髪診断

1. ビフォアの状態。全体に細かい波状のクセが出て、広がっている。

2. ナノスチームを当てながら優しく揉み、髪本来のクセをよみがえらせていく。根元にもナノスチームを当てて、よくクセを出す。

3. 髪本来のクセが出てきた状態。

ブロッキング

4. 頭頂を通るイア・トゥ・イアと正中線で4つに分ける。レイヤーの場合、毛束を引き出すときのスライスは、前上がりの斜めに。

1剤塗布

5. 約2センチの厚さで毛束を引き出し、根元1センチ空けて、アプリケーターに入れたハードタイプの1剤を塗布し、

6. 中間部まで指で挟んで馴染ませていく。同様にして全頭の根元に塗布していく。

7. 次に、中間から毛先にかけて、時間差で同じハードタイプの薬剤をアプリケーターで塗布。

8. 根元と同様、指先で挟んで伸ばし、

使用薬剤
根元：医薬部外品ハードタイプ
中間〜毛先：時間差でハードタイプ

EBINA'S STRAIGHT PERM

1stストパー　　斜めスライスLAYER

✕ コームで薬剤を伸ばすと髪にテンションがかかる。

手の平全体で優しく揉み込む。

全頭の塗布が終わったら、軟化チェック用にぼんのくぼの上にある毛束をダウンステムにして2センチ幅で取り、ロッドに毛先から根元まで3回転半、同じピッチでスパイラルに巻いていく。

ラップは顔周りとえり足に隙間が空かないよう注意しながら、全頭にフワッとかける。こうすることで、根元がつぶれるのを防ぐ。放置時間は15分。

軟化チェック

放置後、ロッドをはずし、巻き付けた毛束に均等にスパイラルカールが出ていたら軟化完了のサイン。

⑨ ⑩ ⑪ ⑫

⑬ 中間水洗
過膨潤を防ぐため、やや低めに設定した湯をフェイスラインから頭頂にかけ、水圧だけで薬剤を流していく。

⑭ 次に、首を横にしてえり足の薬剤を流す。

⑮ 続いて、指を根元から毛先に通すようにして湯の落ちる方向に薬剤を洗い流していく。

⑯ ドライング
前上がりの斜めにスライスを取り、引き出した毛束は毛流にしたがい、根元から毛先に向かって指を通しながら乾かしていく。

✕ シャンプーのように地肌と髪をこすって洗っている。こうすると軟化している状態の髪がダメージしてしまう。

✕ 仕上がりのイメージを無視し、髪を散らすように乾かしている。

アイロン

アイロンの温度は180℃に設定。まずはアンダーセクションから。ややアップステム気味に毛束を引き出し、左手で毛先を持ってたるまないようにしながら、

アールを描くように、自然に落ちる位置に収める。このとき毛先は内側に入るようにスルーする。

オーバーセクションとミドルセクションは、オンベースで毛束を引き出し、左手で毛先を持ってたるまないようにしながら、

大きくアールを描くようにスルーし、同じスピードでフォワード方向に下ろしていく。

⑰ ⑱ ⑲ ⑳

2剤塗布

アイロンの熱が冷めてから根元に2剤をS字状に塗布し、

中間から縦に薬剤を乗せ、

指で挟んで広げ、優しく揉み込んでいく。

仕上げ

2剤を洗い流した後、前上がりの斜めにスライスを取り、フォワード方向にアールを描くようにして乾かしていく。

㉑ ㉒ ㉓ ㉔

✗ コームで塗り、毛束にテンションをかけている。こうすると、しっかり酸化する前の髪がダメージしてしまう。

EBINA'S STRAIGHT PERM 59

2ndストパーは全頭の質感をつなげるのがポイント
斜めスライス LAYER

(3か月後。根元に波状毛が出て、頭頂部が膨らんでいる。)

(全体にクセが戻ってフォルムが崩れている。)

BEFORE

(質感が整い、しなやかなシルエットになっている。)

(自然な曲線でフォルムが整っている。)

AFTER

EBINA'S STRAIGHT PERM

斜めスライスLAYER

2ndストパー

コンディションに応じて薬剤を塗り分け、ダメージの進行を抑える

根元、中間、毛先と状態の異なる髪に対し、
作用の違う薬剤を塗り分けていく。
デリケートになっている毛先にトリートメントタイプを最初に塗布し、
その後、根元、中間に合わせた薬剤を塗り進めていく。
そうすることで薬剤によるダメージから毛先を守り、
繰り返せるアイロンストパーを実現していく。

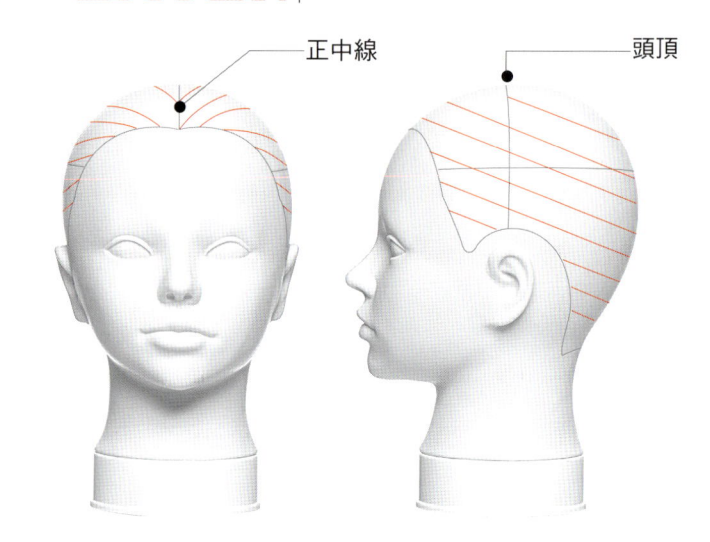

正中線　　頭頂

POINT

● 3段階の塗り分け

● スルーのスピード

部分ごとにダメージ度が異なる髪は、根元、中間、毛先と薬剤を3段階に塗り分けて。
既ストパー部にさしかかったら、アイロンスルーのスピードを少しずつ速くしていく。

毛髪診断

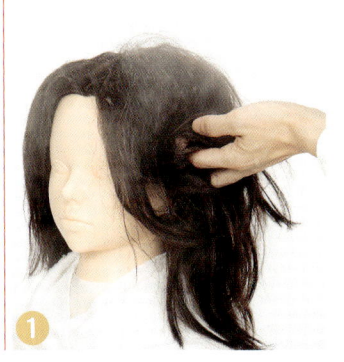

1. ナノミストを当て、髪本来のクセをよみがえらせていく。

2. 髪本来のクセがよみがえった状態。中間部に大きなうねりが出ている。

ブロッキング

3. 頭頂を通るイア・トゥ・イアと正中線で4ブロックに分ける。

1剤塗布

4. まず、2センチでスライスを取り、毛先に還元作用のあるトリートメントを塗布。全頭の毛先に塗っていく。

5. 指の腹で毛束を押すようにして、薬剤を浸透させていく。

6. 次に、根元1.5センチを空けて、新生部6センチ強にハードタイプの1剤を塗布。同様に全頭の根元に塗っていく。

7. 毛束を指で挟み、根元から滑らせるようにして、薬剤を馴染ませていく。

8. 残りの中間部にコスメタイプの1剤を塗布。全頭に塗布していく。

使用薬剤
根元：医薬部外品ハードタイプ
中間：コスメタイプ
毛先：還元作用のあるトリートメント

2ndストパー　斜めスライスLAYER

9　根元と同様に、毛束を指で挟んで中間から滑らせ、薬剤を馴染ませていく。

10　全頭に3種類の1剤を塗り終えたら、ぼんのくぼの少し上の部分の毛束を引き出し、ロッドに毛先から根元まで同じピッチで3回転半、スパイラル巻きにする。

11　顔周りとネープの部分に隙間ができないように注意しながら、全頭にラップをフワッとかけていく。こうすることで、薬が乾くのを防ぐと同時に、根元がつぶれるのを防止する。15分間自然放置する。

12　軟化チェック　放置後、ロッドをはずし、巻き付けた毛束に均等にスパイラルカールが出ていたら軟化完了のサイン。

13　中間水洗　過膨潤を防ぐため湯の温度をやや低めに設定し、フェイスラインから頭頂まで水圧だけで薬剤を洗い流し、次に、顔を横に向けてえり足の薬剤を流していく。

14　続いて、根元から毛先に向かって指を通すようにし、湯が落ちる方向に薬剤を洗い流していく。このとき、テンションがかからないように注意する。

15　ドライング　アンダーセクションから。前上がりの斜めにスライスを取り、毛束を引き出して、根元から毛先に向かって指を通しながら、髪が自然に落ちる斜め前に向けて乾かしていく。

16　アイロン　ドライと同じアンダーセクションからスタート。アイロンを180℃に設定。アンダー、ミドルと終わった後に、毛束をオンベースに引き出し、たるまないようにしながら、

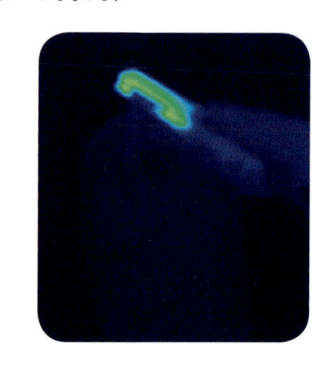

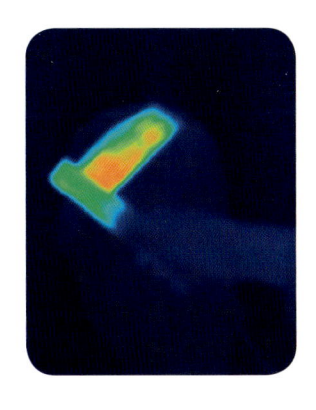

アールを描くように毛束を移動させ、

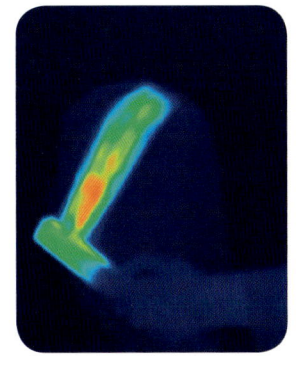

根元から毛先へスルーしていく。このとき、コスメタイプの薬剤を塗布した中間部から、少しずつスルーのスピードを速くしていく。

2剤塗布

冷めてから根元6センチ強にハードタイプの2剤を塗布。全頭の根元に塗っていく。

毛束を手で包み込むようにして、薬剤を馴染ませていく。

⑰ ⑱ ⑲ ⑳

次に中間から毛先の既ストパー部にかけて、コスメタイプの2剤を塗布。全頭の中間から毛先に塗り広げていく。

毛束を手の平全体で包み込むようにして、優しく揉み込みながら、毛先まで薬剤を馴染ませていく。

仕上げ

2剤を洗い流し、ハンドブローした後、アンダーセクションから前上がりの斜めにスライスを取り、毛束を引き出す。仕上がりのスタイルをイメージしながら、根元から中間へ乾かしていく。

毛束を斜め前の方向に持っていきながら大きくアールを描くように動かし、毛先が内側に入り、ゆるやかな曲線を描いた仕上がりになるようにする。

㉑ ㉒ ㉓ ㉔

1stストパーはダメージ度の見極めがポイント
斜めスライス LONG LAYER

(波状毛の影響で全体にシルエットが膨らんでいる。)

(髪のうねりによってフォルムが崩れている。)

BEFORE

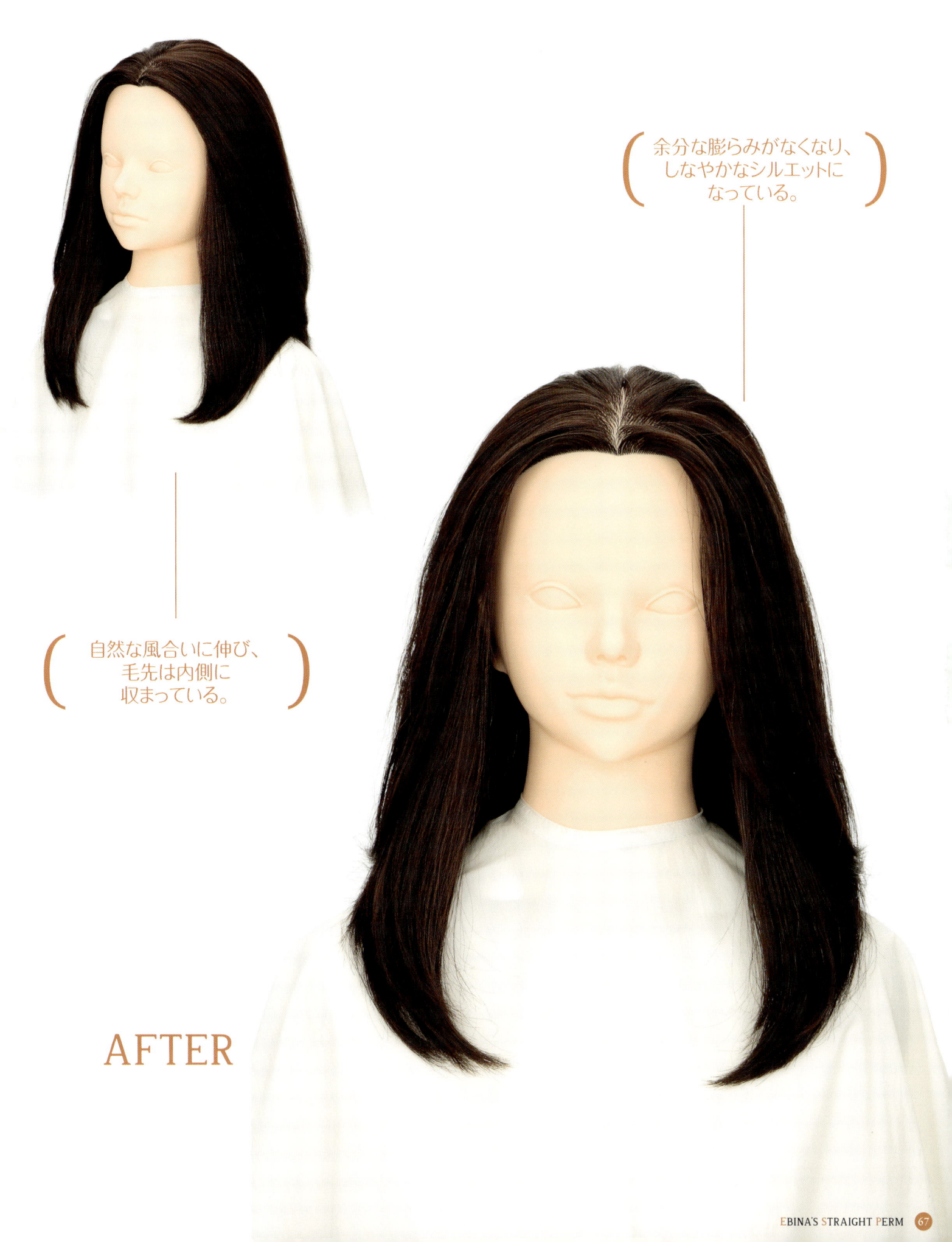

余分な膨らみがなくなり、
しなやかなシルエットに
なっている。

自然な風合いに伸び、
毛先は内側に
収まっている。

AFTER

EBINA'S STRAIGHT PERM

斜めスライス LONG LAYER

1st ストパー

ダメージ度を見極めて塗り分けし、しなやかなロングにする

長い髪に薬剤を馴染ませていくときには、毛束を筒状にして薬を乗せたら、包み込むようにしながら、優しく揉み込んでいく。こうすることで、スピーディでムラなく薬剤を浸透させていくことができる。

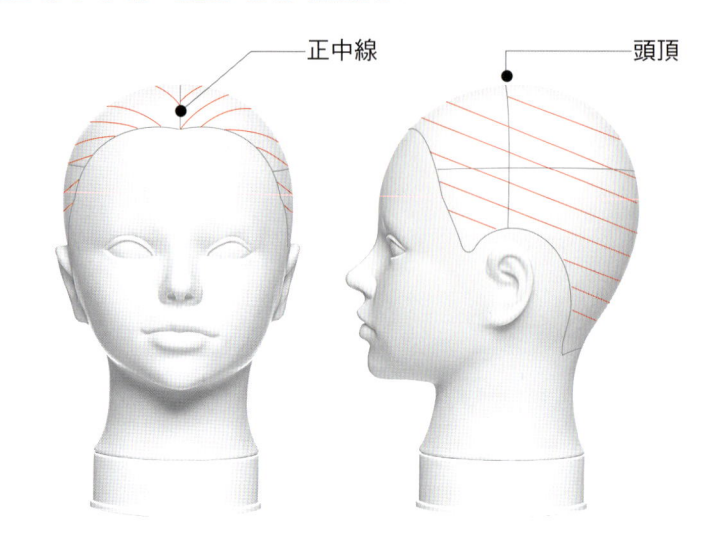

― 正中線
― 頭頂

POINT

●薬剤塗布のしかた

●ロングロッドを使って

髪が長いときは薬剤塗布のしかたにも一工夫。
スピーディに行えるよう、薬剤を毛束で包み込むように塗布していく。
軟化チェックも髪の長さに合わせてロングロッドで。

> **使用薬剤**
> 根元：医薬部外品ハードタイプ
> 中間〜毛先：コスメタイプ

1 毛髪診断
ナノミストを当て、髪本来のクセをよみがえらせていく。

2 ブロッキング
頭頂を通るイア・トゥ・イアと正中線で4つに分ける。スライスはカットベースに合わせて、前上がりの斜めに。

3 1剤塗布
まず、頭皮から1.5センチ空けて、毛束を引き出し、根元から中間までハードタイプの1剤をアプリケーターで塗布。全頭の根元に塗っていく。

4 毛束を指に挟んで滑らせるようにして薬剤を馴染ませ、

5 次に毛束を筒状にして手の平全体で揉むようにし、薬剤を浸透させていく。

6 その後、同様に毛束を引き出し、中間からコスメタイプの1剤を塗布。

7 毛先まで塗っていく。同様にして薬剤を全頭に塗布。

8 中間から毛先の毛束を筒状にし、手の平全体で包み込むようにして揉み込み、

EBINA'S STRAIGHT PERM 69

1stストパー　斜めスライス LONG LAYER

9 毛先まで薬剤を浸透させていく。

10 全頭に1剤が塗布できたら、軟化チェック用に後頭部のぼんのくぼの上の部分の毛束を引き出し、ロングロッドに均一なピッチでスパイラルに巻いていく。

11 ラップは顔周りとえり足に隙間が空かないよう注意しながら、全頭にフワッとかける。こうすることで、根元がつぶれるのを防止する。放置時間は15分。

軟化チェック

12 放置後、ロッドをはずし、ロッドの直径よりやや大きめのスパイラルカールが出ていれば軟化完了のサイン。

ドライング

13 中間水洗後、ドライング。前上がりの斜めにスライスを取って毛束を引き出し、カットベースに合わせて斜め前に毛先を流すように乾かしていく。

アイロン

14 アンダーの顔周りからアイロンスタート。アイロンを180℃に設定。斜めのスライスに沿って毛束を引き出し、たるまないよう毛先を持った左手で軽く引き、

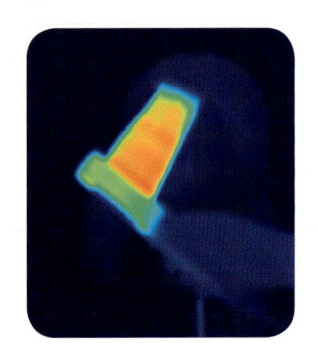

15 大きくアールを描きながら斜め前に毛先を流し、スルーしていく。このとき、コスメタイプの薬剤を塗布した中間部から、スルーのスピードを少しずつ速くしていく。

16 ネープはややアップステム気味（床に対して平行くらい）に毛束を引き出し、

アールを描きながら毛先を斜め前に収めていく。

2剤塗布

毛束が冷めてから、全頭の根元から中間までハードタイプの2剤を塗布。

毛束を指で挟んで薬剤を馴染ませ、

毛束を手の平全体で包み込むようにして、浸透させていく。

⑰ ⑱ ⑲ ⑳

㉑ ㉒ ㉓ ㉔

次に、中間から毛先にコスメタイプの2剤を塗布していく。

毛束を手の平全体で包み込むようにし、薬剤を馴染ませていく。

全頭に塗布し終えた状態。コームを使っていないので、束状になっている。

仕上げ

2剤を洗い流した後、スライスに沿ってオンベースで、指を根元から毛先に通しながら髪を乾かす。その後、同様にブラシを使って斜め前に毛束を流しながら自然に落ちる位置に収める。

EBINA'S STRAIGHT PERM 71

2ndストパーは、毛先をプロテクトするのがポイント
斜めスライス LONG LAYER

（根元に出てきた波状毛の影響でシルエットが四角くなっている。）

（3か月後。根元のうねりによって不自然に膨らんでいる。）

BEFORE

頭の形に沿った
Aラインのシルエットに
なっている。

骨格に沿った
しなやかなフォルムに
なっている。

AFTER

EBINA'S STRAIGHT PERM

斜めスライス LONG LAYER

:·: 2ndストパー

毛先をプロテクトしながら、質感をつなげたロングにする

ダメージした毛先にトリートメント系の薬剤を塗布し、
プロテクトしながら施術を進めていく。
スルーのときはアイロンの発熱板の幅に対して毛束に余裕を持たせて。
中間から少しずつスピードを速くしながらスルーし、
髪に与える熱をコンディションに合わせて調整していく。

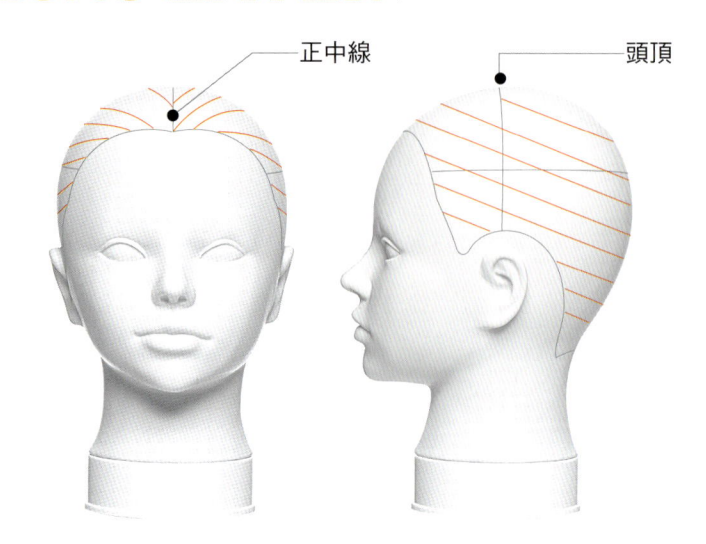

正中線 / 頭頂

POINT

● 薬剤の塗り分け順序

● 毛束の幅には余裕を

ダメージが進行した髪は薬剤の塗り分け順序も大切。ダメージしている毛先から。
スルーのときはアイロンの発熱板の幅に対して毛束に余裕を持たせ、
熱がムラに伝わらないように。

> **使用薬剤**
> 根元：医薬部外品ハードタイプ
> 中間：コスメタイプ
> 毛先：還元作用のあるトリートメント

毛髪診断
ナノミストを当てて新生部の根元を中心に、髪本来のクセをよみがえらせていく。

①

ブロッキング
頭頂を通るイア・トゥ・イアと正中線で4つに分ける。毛束を引き出すスライスは、カットベースに合わせて前上がりの斜めに取る。

②

1剤塗布
まず、毛先10センチに還元作用のあるトリートメントを塗布。全頭の毛先に塗っていく。

③

指の腹で毛束を押すようにし、薬剤を浸透させていく。

④

次に、根元を1.5センチ空けて、6センチ強の新生部にハードタイプの1剤を塗布。同様に全頭の根元に塗り広げていく。

⑤

毛束を指に挟んで滑らせ、薬剤を馴染ませた後、

⑥

手の平全体で揉み込むようにして、薬剤を浸透させていく。

⑦

続いて中間部にコスメタイプの1剤を塗布。

⑧

2ndストパー　斜めスライス LONG LAYER

⑨ 毛束を指で挟んで滑らせるようにし、薬剤を馴染ませて、全頭に塗っていく。

⑩ 全頭に1剤を塗布し終えたら、軟化チェック用にぼんのくぼの上の毛束をダウンステムで引き出し、ロングロッドに均一なピッチでスパイラル巻きにする。

⑪ フェイスラインとネープに隙間が空かないようにしながら、全頭にフワッとラップをかける。こうすることで、根元がつぶれるのを防止する。

軟化チェック

⑫ 15分自然放置してロッドをはずし、ロッド径よりやや大きめの均等なカールが出たら軟化完了のサイン。

中間水洗

⑬ フェイスラインから頭頂にかけて、過膨潤を避けるためにやや低めの温度に設定した湯をかけ、水圧で1剤を流し、次に、顔を横に向け、同様にえり足の1剤を流していく。

⑭ さらに、フェイスラインの根元から毛先に向けて指を入れ、湯が落ちる方向に通しながら、1剤を完全に洗い流していく。このとき、まだ軟化した状態なので、施術は慎重に。

ドライング

⑮ 斜めのスライスに沿って毛束を引き出し、根元から毛先に向かって指を通しながら、

⑯ 斜め前に引き出し、自然に落ちる位置に収めるようにして乾かしていく。このとき、仕上がりのスタイルをイメージして毛束に方向性をつける。

アイロン

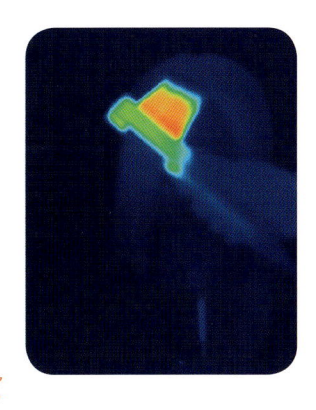

アイロンを180℃に設定。斜めにスライスを取ってオンベースに毛束を引き出し、

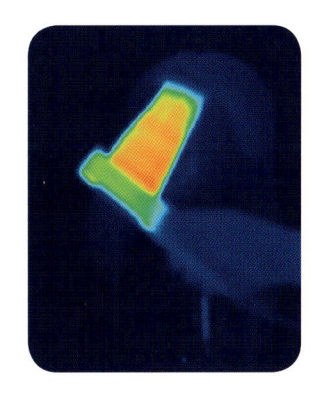

斜め前に毛束を移動させながらアイロンをスルー。

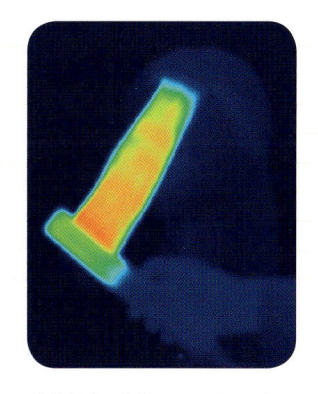

アールを描くように毛先へスルーしていく。このとき、コスメタイプの薬剤を塗布した中間部から、スルーのスピードを少しずつ速くしていく。

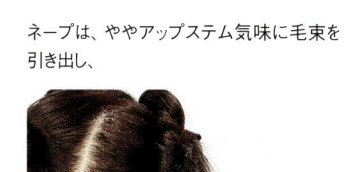

ネープは、ややアップステム気味に毛束を引き出し、

⑰　⑱　⑲　⑳

アールを描くように移動させながら、自然に落ちる位置に収めていく。

2剤塗布

まず、新生部の根元6センチ強にハードタイプの2剤を塗布。全頭の根元に塗っていく。中間から毛先はコスメタイプの2剤を塗布。

全頭に塗布し終えた状態。束状に塗り終えている。

仕上げ

2剤を洗い流した後、スライスに沿って根元に指を入れ、大きくアールを描くようにしながら毛先まで乾かす。

㉑　㉒　㉓　㉔

EBINA'S STRAIGHT PERM　77

EBINA'S VOICE 4

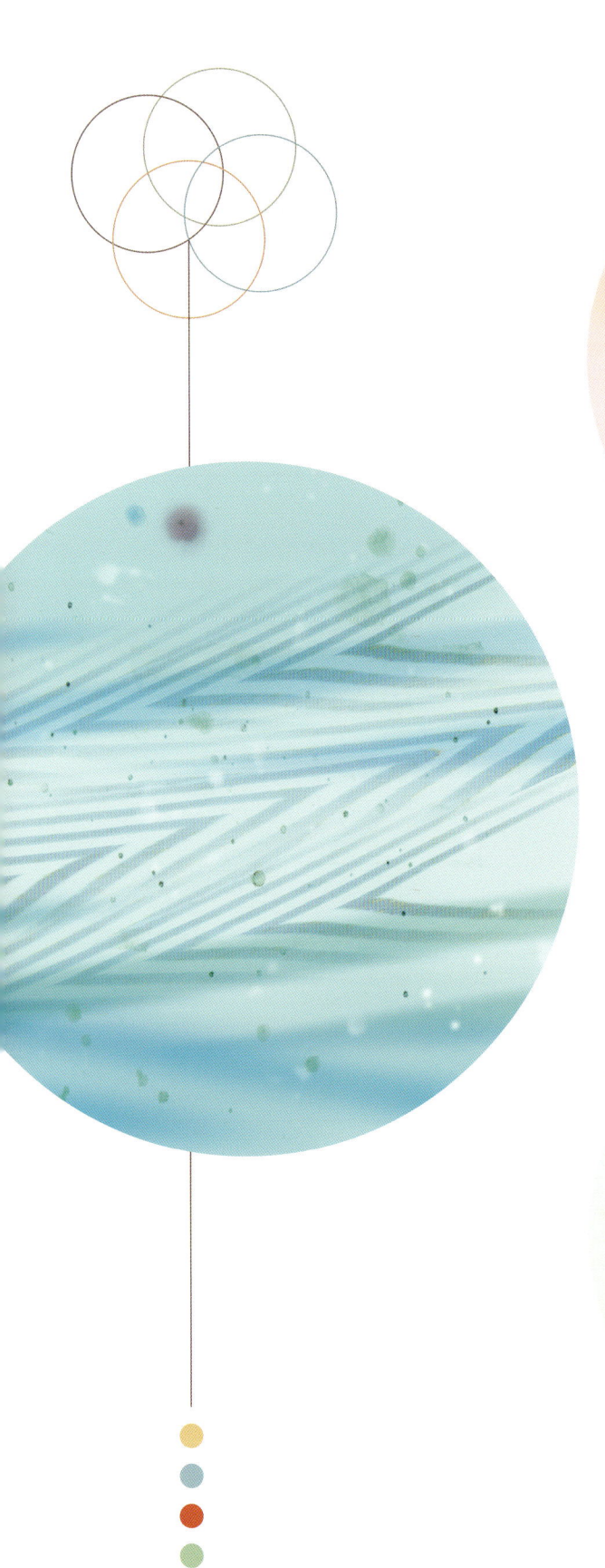

**時間がかかるのは疲れるからイヤ。
手際よく短時間で済ませたい**

今の女性たちは本当に忙しいんだよね。「タイム・イズ・マネー」じゃないけど、時間が短くなるなら、それはすごくいいことだよね。美容室のメニューの中でも、かなり長い時間がかかるのがストレートパーマ。お客様によっては「本当はかけたいんだけど、時間がないし…」「あまりに長時間だと疲れちゃうから…」と、迷っている人もいるんじゃないかな。

でも、これからそれは、かなり解決される。

時間を短縮する工夫やアイデアは、いくつもあるよ。

例えば毛髪診断。今までさわってみたり、濡らしてみたりして、なかなか判断に迷うことが多かったと思うけど、最近、サロンに普及してきたナノミストを活用すれば、おもしろいようにカンタンに判断できるようになるよ。薬剤の塗り分けがハッキリする。だって、ミストを当てると、ブローしてある髪だって、どんどん本来のクセがよみがえってくるから。だから、新しく生えてきた部分、ストパーをかけたけどクセが戻ってきちゃった部分、まだストパーが利いている部分と、カンタンに見分けがつく。

また、ストパーの大きなポイントの軟化チェックだって、ちょっと発想を変えれば一目瞭然の、わかりやすいやりかたを提案しているよ。

具体的には、毛束をロッドに均一なピッチで巻いてカールの出ぐあいを見る方法。ロッドをはずしたとき、均一なカールが出ていればOKのサイン。ストパーの軟化チェックをカールで見極めるなんて、ちょっとおもしろいでしょ。

コームやハケを使わず、自分の手で薬剤を塗っていくやりかたも、塗布スピード自体が速くなるから、結果的に時間短縮になる。

施術時間が短くなればお客様だって、きっとまたストパーをかけてみたいと思うようになる…はずだね。

CHAPTER 4

ケーススタディ

EBINA'S
STRAIGHT
PERM

前章で"EBINA流"のプロセスをマスターしたら、
今度はモデルを施術してみよう。
髪の履歴やコンディションなど、
複雑な髪質のモデルをしっかり毛髪診断。
そして、的確な薬剤選択と塗り分け、アイロン操作——。
基本をマスターしたからこそできる応用。
これであなたもストパー免許皆伝!?

ケーススタディ | **BOB**

既ストパー部のうねりを取りながら、しなやかなボブにしていく

EBINA'S STRAIGHT PERM

EBINA'S STRAIGHT PERM

BOB

ケーススタディ

2種類の異なる薬剤を塗り分け、しなやかで丸みのあるボブに

ナノミストでよみがえらせたクセを的確に読み、
ハードタイプとコスメタイプの薬剤を選択。
既ストパー部のうねりを取りながら
全体の質感をつなげ、
しなやかで丸みのあるボブにしていく。

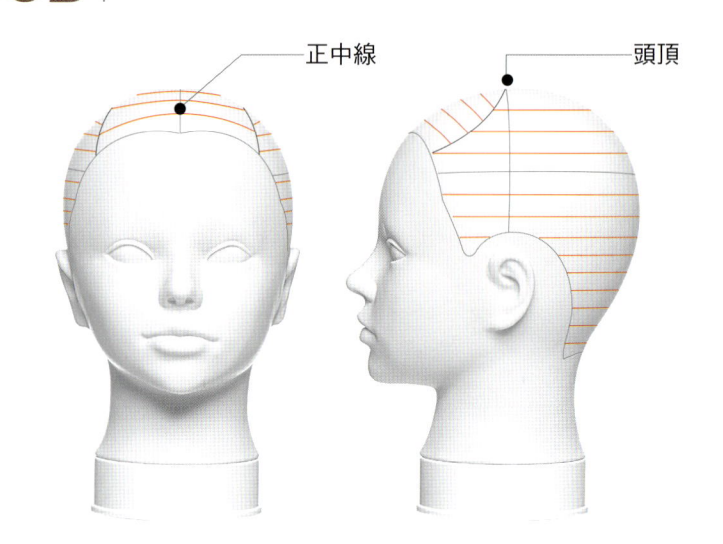

正中線　頭頂

POINT

●髪質を的確に読んで

●2種類を塗り分けて

ナノミストを活用した毛髪診断で2種類の薬剤を選択。
根元と、中間から毛先を塗り分けて、質感をつなげていく。

毛髪診断

太さは普通でキューティクルがしっかりしている波状毛。
トップから毛先にかけて大きなフルウエーブのクセがあり、毛先がハネる。新生部は根元から5センチ。中間部から毛先までは既ストパー毛。ヘアカラーは9レベル。
総合するとダメージ度は「ミドルダメージ」。

薬剤選択

既ストパー部の軽いうねりを取りながら、しなやかな質感のボブにしていくため、①新生部はハードタイプ、②中間から毛先の既ストパー部はコスメタイプを選択。

使用薬剤

根元：医薬部外品ハードタイプ
中間〜毛先：コスメタイプ

まず、ナノミストを当てて髪本来のクセをよみがえらせていく。

クセがよみがえった状態。髪が大きくうねり、フォルムが崩れて膨らんでいる。

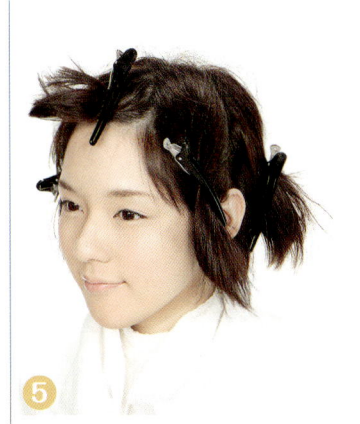

1

2

3

4

---

5 ブロッキング
頭頂を通るイア・トゥ・イアと正中線、前髪の5ブロックに分ける。ボブなので、毛束を引き出すときのスライスは床に対して平行。

6 1剤塗布
まず、新生部の根元1センチを空け、5センチ強にハードタイプを塗布。同様にして全頭の根元5センチ強の部分に塗っていく。

7 次に、中間から毛先にコスメタイプを塗布。同様に全頭の中間から毛先に塗っていく。

8 全頭に1剤を塗布したら、軟化チェック用にぼんのくぼの上の部分にロッドを3回転半、均一なピッチでスパイラル巻きにする。

EBINA'S STRAIGHT PERM

ケーススタディ | BOB

次に、全頭をラッピング。顔周りとネープの部分に隙間ができないよう注意しながら、その他の部分はフワッとかけて、根元がつぶれるのを防ぐ。15分自然放置する。

⑨

軟化チェック
15分放置後、ロッドをはずし、均等にカールが出ていれば軟化完了のサイン。

⑩

中間水洗
フェイスラインから頭頂にかけてシャワーの水圧で薬剤を流す。

⑪

次に、ネープの薬剤を洗い流し、

⑫

続けて、根元から毛先に向かって指を通し、湯の落ちる方向に薬剤を洗い流していく。

⑬

ドライング
アンダーセクションから。ドライヤーを動かして表面をざっと乾かし、根元に風を入れてから、スライスを床に対して平行に取り、

⑭

毛先が内巻きになるようにアールを描きながら、根元から毛先に指を通していく。

⑮

アイロン
アイロンを180℃に設定。アンダーセクションからスライスを床に対して平行に取り、アップステムで毛束を引き出して根元からアイロンを入れ、

⑯

ドライングもアイロンも、アンダーセクションから。
すべて毛先が内に収まるように。

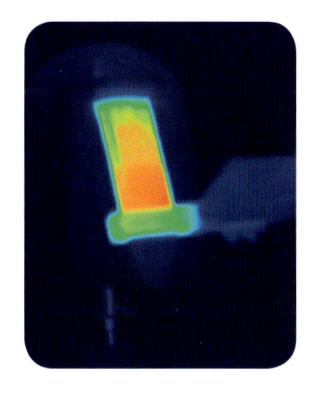

大きくアールを描くように根元から毛先へスルーしていく。このとき、コスメタイプの薬剤を塗布した中間部からは、スルーのスピードを少し速くしていく。

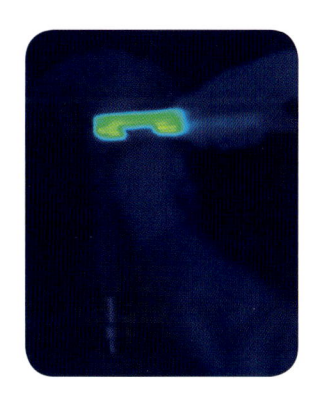

アンダーセクションはややアップステム気味に毛束を引き出し、

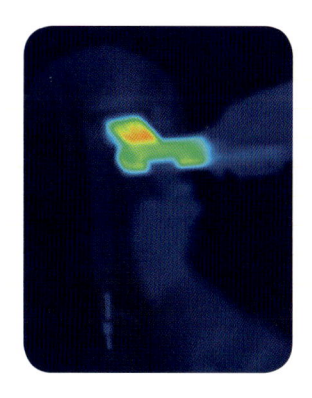

アールを描きながら毛先を内巻きにしていく。このとき、同様にコスメタイプの薬剤を塗布した中間部から、スルーのスピードを少し速くしていく。

2剤塗布

冷めてから、根元から5センチ強の新生部にハードタイプの2剤を塗布。全頭の根元5センチ強の部分に塗っていく。

⑰ ⑱ ⑲ ⑳

次に、中間から毛先にコスメタイプの2剤を塗布し、全頭の中間から毛先に塗り広げていく。

仕上げ

2剤を洗い流した後、毛流れにしたがってアールを描きながら、

上から下に指を通して乾かしていく。

中間から毛先は内巻きになるように意識して乾かす。

㉑ ㉒ ㉓ ㉔

EBINA'S STRAIGHT PERM 85

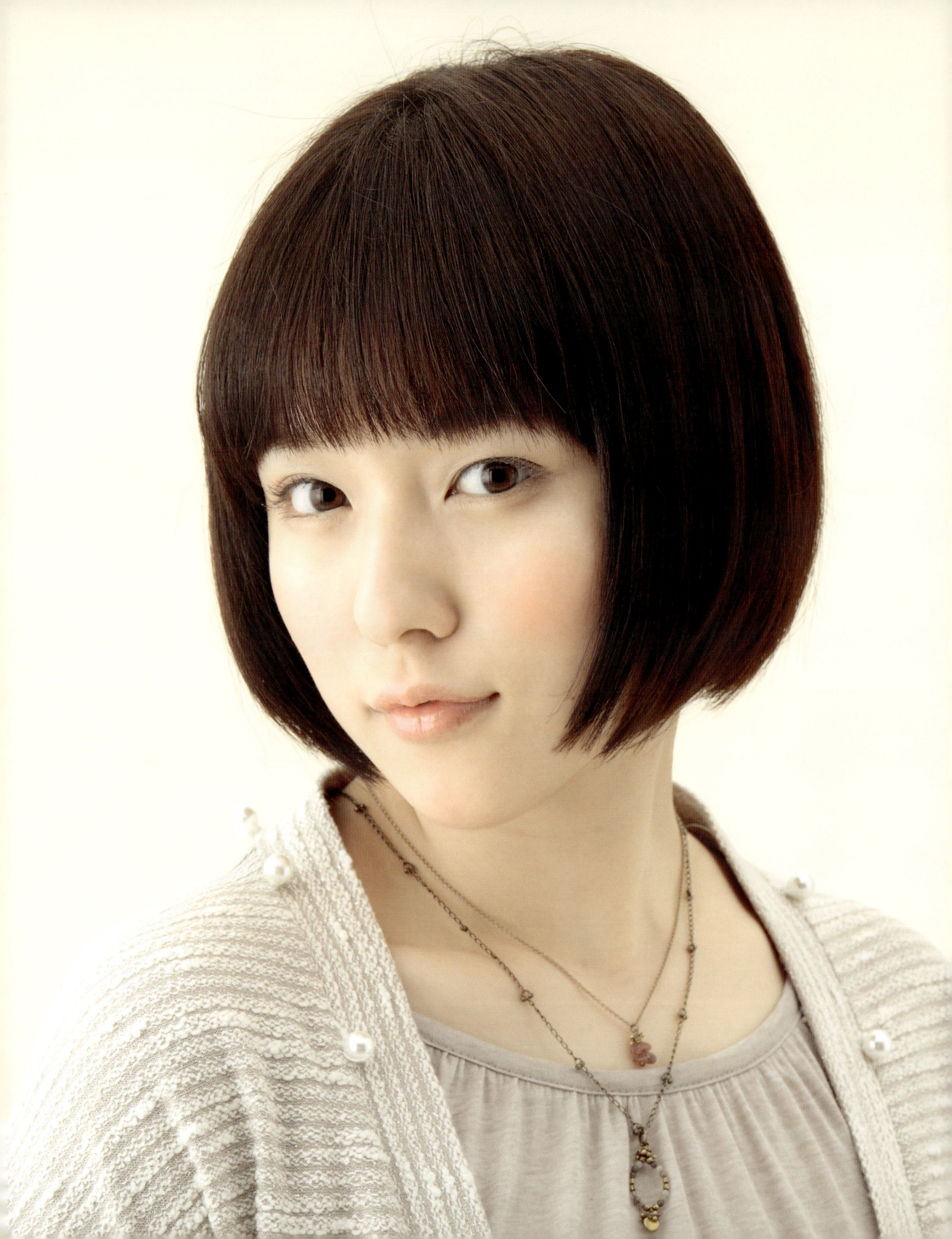

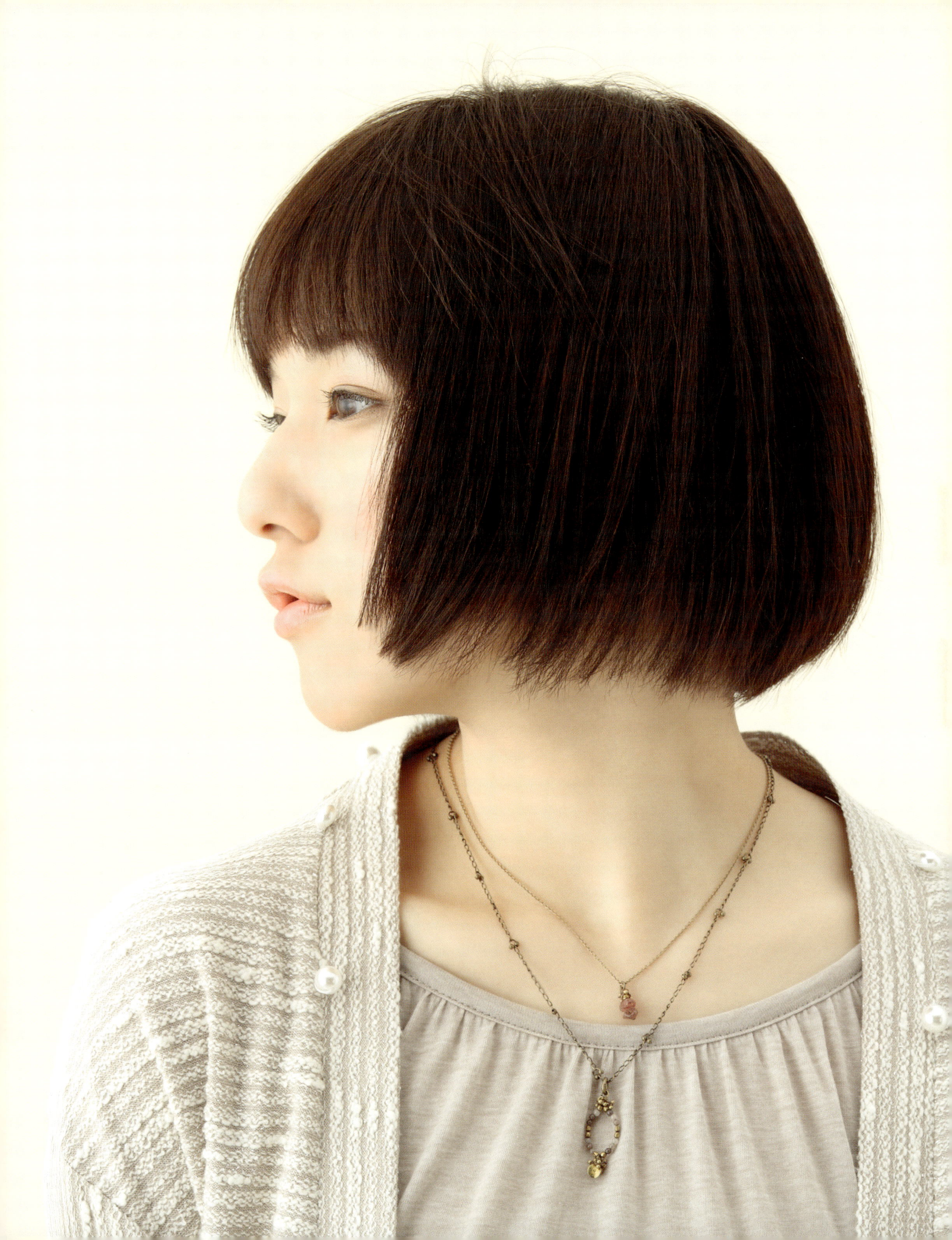

ケーススタディ

LONG LAYER

アイロンスルーのスピードを調節し、しなやかでツヤのあるレイヤースタイルに

DVD
動画で確認

EBINA'S STRAIGHT PERM 89

LONG LAYER

ケーススタディ

正中線　頭頂

塗り分けとスルースピードを意識して、ダメージ毛をしなやかに

複雑な髪の履歴とダメージ度をしっかり把握し、
3種類の薬剤をチョイス。
根元、中間、毛先とていねいに塗り分け、
アイロンスルーのスピードも調節。
ハイダメージ毛をしなやかでツヤのある髪質にしていく。

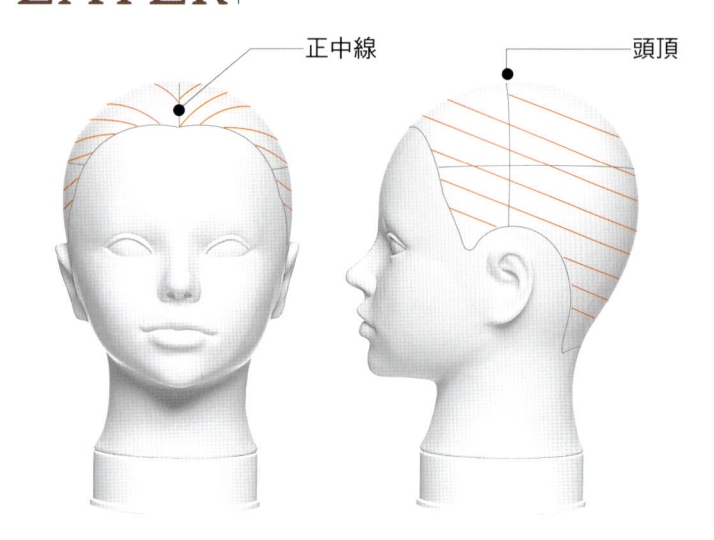

POINT

●薬剤のチョイス

① ② ③

●塗り分けを意識してスルースピードを速くして

髪の履歴が複雑なロングは、3種類の薬剤で対応し、確実に塗り分けていく。
アイロンスルーは薬剤の塗り分けとリンクさせて。
既ストパー部からはスピードを速くしていく。

毛髪診断

太さが普通で褪色気味の波状毛。縦に近いうねりがあり、加えて少し縮毛も混じっている。

ヘアカラーは根元が11レベルで、その他の部分は12〜13レベル。根元の新生部8センチ以外は中間から毛先まで既ストパー、既染毛で、特に毛先は熱変性を起こしている。総合するとダメージ度は「ハイダメージ」。

薬剤選択

新生部と既ストパー部の質感をつなげ、しなやかな風合いにするため、①根元8センチにノーマルタイプ、②中間10センチにコスメタイプ、③毛先10センチに還元作用のあるトリートメントを選択。

使用薬剤

根元：医薬部外品ノーマルタイプ
中間：コスメタイプ
毛先：還元作用のあるトリートメント

1

2

3 ナノミストを当て、髪本来のクセをよみがえらせていく。

4 クセがよみがえった状態。根元、中間、毛先の違いがハッキリわかる。

5 〈1剤塗布〉まず、根元1.5センチを空け、8センチ強にノーマルタイプを塗布。全頭の根元8センチ強の部分に塗っていく。

6 次に、中間部10センチにコスメタイプを塗布し、全頭の中間部に塗り広げていく。

7 続けて、毛先10センチに還元作用のあるトリートメントを塗布。同様に全頭の毛先に塗っていく。

8 全頭に1剤を塗り終えたら、軟化チェックのためにぼんのくぼの上の部分の毛束を引き出し、ロングロッドに毛先から根元まで同じピッチで3回転半、スパイラル巻きにする。

EBINA'S STRAIGHT PERM

| ケーススタディ | # LONG LAYER

9 全頭をラッピングし、15分間自然放置する。

軟化チェック
10 15分放置後、ロッドをはずしてスパイラルのカールが出ていれば軟化完了のサイン。

中間水洗
11 やや低めに設定した湯で過膨潤させないようにしながら、フェイスラインから頭頂までを水圧で流す。

12 同様にえり足の部分の薬剤も流し、

13 その後、根元から毛先に指を通しながら、湯の落ちる方向に薬剤を洗い流していく。このとき、髪が長いので毛先が絡まないよう、慎重に薬剤を洗い流していく。

ドライング
14 まず、根元を生乾きの状態にし、

15 アンダーから先に斜めにスライスを取って、斜め前の方向に指を通しながら、完全に乾かしていく。

アイロン
16 アイロンを180℃に設定。斜めにスライスを取って毛束を1度オンベースに引き出した後、たるまないように毛先を持ちながら、斜め前の方向にスルーしていく。

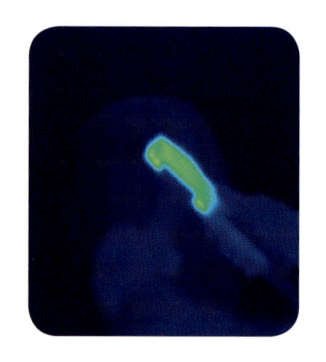

髪が長いので毛先が絡まないよう、慎重に薬剤を洗い流す。

EBINA'S STRAIGHT PERM

根元8センチより下のコスメタイプを
塗布したところから、スルーのスピードを
少しずつ加速させていく。

このとき、根元8センチより下のコスメタイプの1剤を塗布したところから、

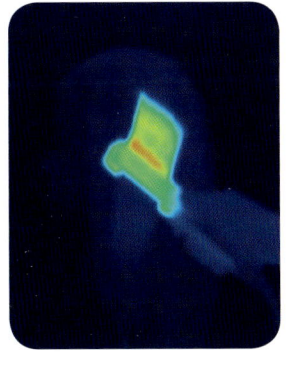

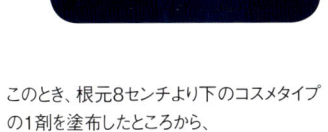

アイロンスルーのスピードを少しずつ加速させていく。

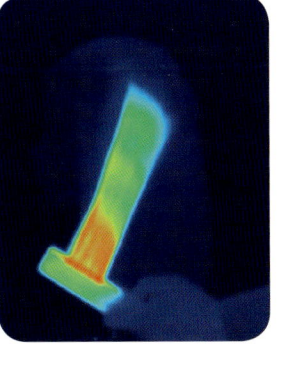

アンダーセクションはややアップステム気味に毛束を引き出し、

同様に斜め前にスルーしていく。

⑰　⑱　⑲　⑳

㉑ アイロンの熱が冷めてから、新生部の根元8センチ強にノーマルタイプの2剤を塗布。

㉒ 全頭の根元8センチ強に塗っていく。

㉓ その後、中間から毛先にコスメタイプの2剤を塗布。同様に全頭の中間から毛先に塗っていく。

㉔ 2剤を洗い流した後、スライスを斜めに取り、斜め前に毛束を引き出しながら、大きくアールを描くようにして毛先まで乾かしていく。

2剤塗布

仕上げ

EBINA'S STRAIGHT PERM　93

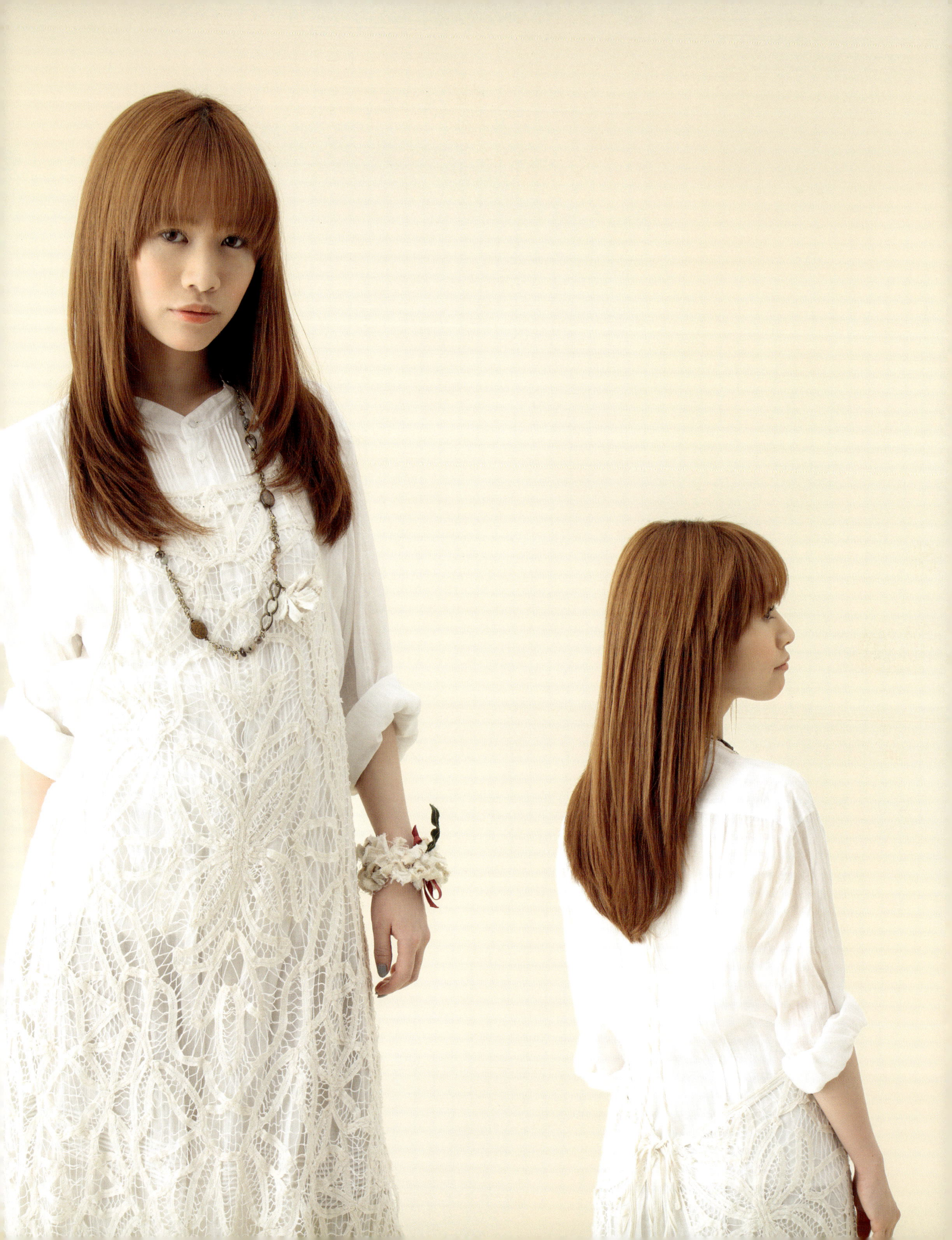

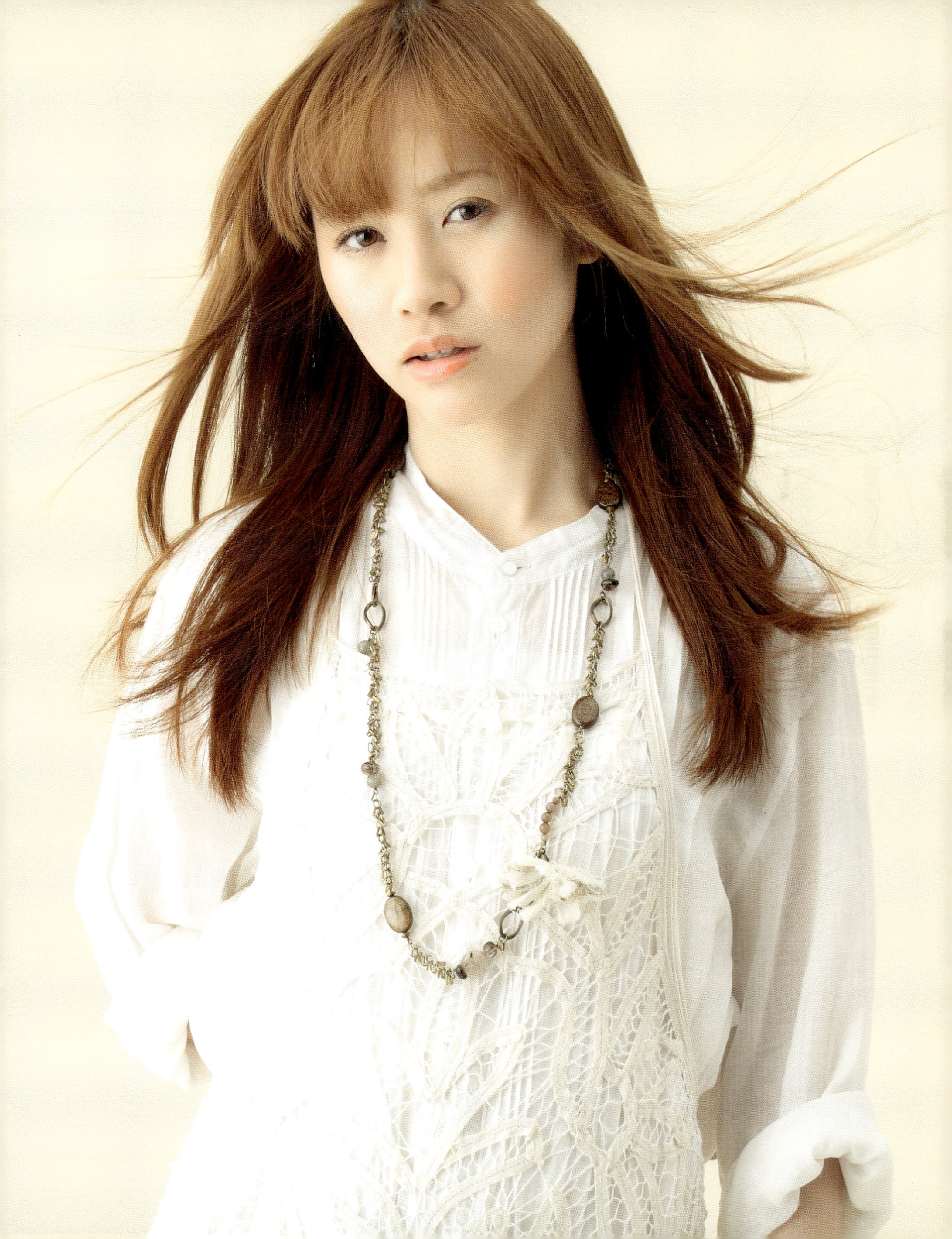

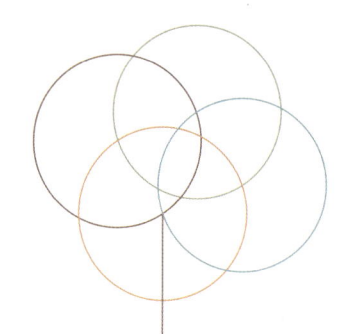

おわりに

ストレートパーマは決して新しいメニューではありません。
今では全国の美容室に普及しています。
しかし、その普及しているメニューが、
お客様の要望を完璧に叶えているかと言うと、
必ずしもそうではないのが現状ではないでしょうか。
そんな状況を少しでも打破したい。
最初は強く感じていたわけではありませんが、
お客様の要望を耳にしていくうちに、
いつしかそういった意識が芽生えていました。
目指しているのはワンランク上のストレート。
ただ単にまっすぐに伸びている髪ではなく、
デザインされしなやかな曲線を描く、自然な風合いのストレート。

そんな「課題」が持ち上がってきました。
幸い、メーカーが発売する薬剤が著しく進歩し、
以前に比べると格段に扱いやすくなったことが、
ストレートパーマに対する僕の興味を強くしてくれたことは間違いありません。
薬剤は進化しているのに、なぜアイロンの操作は変わらないのだろう？
みなさんの中にもそんな疑問を持った方がいると思いますが、
僕がアイロンに注目し始めたのは、そんなことがきっかけでした。
目には見えないアイロンの熱。
それを何とか解明してみたい。
最も正しいアイロンスルーとは何かを突き詰めたい。
そんな欲求に興味をかき立てられました。
それは同時に、今まで当たり前のようにやっていたプロセスを1つずつ見直し、

EBINA

■蛯名晋也（えびな・しんや）

1964年4月21日生まれ。青森県出身。山野美容専門学校卒業。2000年まで東京・青山にある『ZACC』でプロデューサーを担当。2001年、独立して原宿に『pizzicato』をオープン。毛流れや髪質を見極めた再現性の高いカットが身上。サロンワークを中心に一般誌、業界誌などの撮影や、全国での講習活動も行っている。また、薬剤にも深い知識を持ち、メーカーと協力してプロダクツの開発やプロデュースにも携わっている。趣味は釣りとアウトドア。現在、"EBINA"の名前で活動、多忙を極めている。

裏付けをとっていく作業になっていきました。
今回、念願が叶って、アイロンの熱を「見る」ことができました。
そして、自分が立てていた仮説が、ほぼ正しいことが実証されました。
例えば、コンディションがデリケートになっている毛先には、
以前からハードタイプなどの強い薬剤を塗らないのが通例になっていました。
でも、傷んでいる毛先に強い薬剤を塗らないのであれば、何度もスルーしたり、
熱をたくさん与えたりしないほうがいいのではないか？
そういった考えが、ワンスルーでスピードを調節する
発想につながっていきました。
やっぱり、僕の"妄想"はムダじゃなかった（笑）。
このように、今まで当たり前のようにやっていたことに改めて注目し、
その理由を追求してみると、僕たちの仕事はまだ、

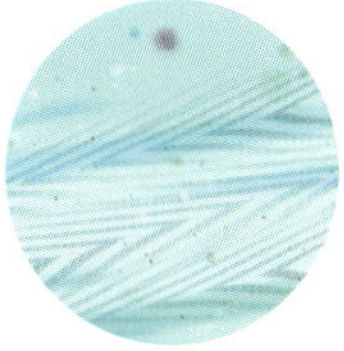

何の根拠も持たずに行っていることがいっぱいある。
でも、それってちょっと怖いことです。
僕たちの仕事をグレードアップさせていくためにも、
美容のあらゆる部分に科学の光を当て、裏付けのある施術をしていく。
そんなことが大切なんじゃないかと。
これから大切なのは、科学的裏付けに基づいた勘や経験。
僕たちの仕事を今よりも緻密で、説得力のあるものにしていく。
そして、お客様の要望を1つずつ確実に実現していく。
そんな美容を目指して、僕はこれからもさまざまなことを
追求したいと思っています。
だから、みなさんも美容を追求していってください。
期待しています。

EBINA'S STRAIGHT PERM

EBINA'S STRAIGHT PERM

CREDIT

P86-87
ワンピース ¥10,800 (malla)
ネックレス ¥12,600 (CERASUS)

P94-95
ワンピース ¥27,300 (Vlas Blomme)
コサージュ付きネックレス ¥23,100 (CERASUS)
シュシュ ¥3,360 (CERASUS)

P97
ジャケット ¥56,700
パンツ ¥33,600
ショールカラーシャツ ¥18,900
スタッズタイ ¥14,700
ブーツ ¥60,900 (すべて ato)

DVD
フラワーレースワンピース ¥24,150 (trios)

SHOP LIST

ato
〒107-0062 東京都港区南青山 3-18-9
TEL:03-5474-1748

Vlas Blomme目黒店 (CERASUS、Vlas Blomme)
〒152-0002 東京都目黒区目黒本町 2-15-2 1F
TEL:03-5724-3719

trios
〒812-0011 福岡県福岡市博多区博多駅前 3-6-1 6-B
TEL:092-471-8800

malla
〒167-0042 東京都杉並区西荻北 4-1-16 1F
TEL:03-6762-1101

撮影協力:NEC Avio 赤外線テクノロジー株式会社
TEL:03-5436-1611
アイロン提供:株式会社ハッコー
TEL:06-6793-3731
資料提供:ルベル / タカラベルモント株式会社
TEL:03-3374-1541

ALL HAIR DESIGN,TECHNIQUE&MAKE-UP
　蛯名晋也 Shinya Ebina(pizzicato)
ASSISTANT
　田中久美子 Kumiko Tanaka(pizzicato)
　家崎裕子 Yuko Iesaki(pizzicato)
STYLIST
　森外玖水子 Kumiko Morisoto
ILLUSTRATOR
　原 知恵子 Chieko Hara(chienoix)
ART DIRECTOR
　下井英二 Eiji Shimoi(HOT ART)
DESIGN
　HOT ART
PHOTOGRAPHER
　冨田泰東 Taito Tomita(Shinbiyo Shuppan)
　新 龍二 Ryuji Atarashi(Shinbiyo Shuppan)
EDITOR
　安斎明定 Akisada Anzai(Shinbiyo Shuppan)

アイロンストパーと熱コントロール
EBINA'S STRAIGHT PERM

定価／4,200円(本体4,000円)　検印省略

2011年6月8日　第1刷発行

著者　　蛯名晋也
発行者　長尾明美
発行所　新美容出版株式会社
　　　　〒106-0031 東京都港区西麻布 1-11-12
編集部　03-5770-7021
販売部　03-5770-1201
　　　　http://www.shinbiyo.com

郵便振替　00170-1-50321
印刷・製本　凸版印刷株式会社
©SHINYA EBINA & SHINBIYO SHUPPAN Co.,Ltd.